PRO-ARTE-EDITION

Band 2

EDUARD BARGHEER
BILDNISSE UND SELBSTBILDNISSE

Herausgegeben von
Galerie Pro Arte, Hamburg

Ellert & Richter Verlag

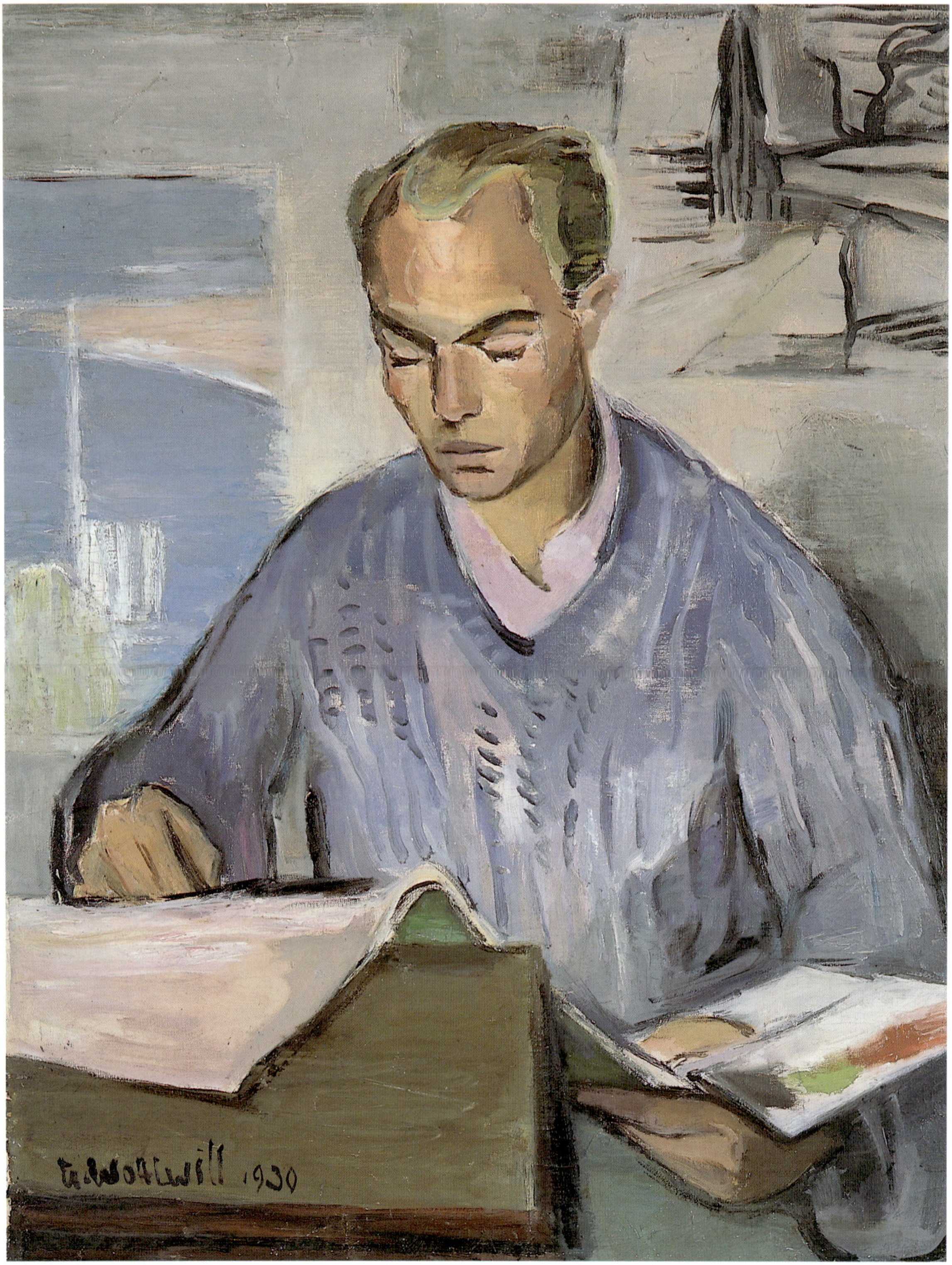

1. Gretchen Wohlwill, Bildnis des Malers Eduard Bargheer, 1930, Öl auf Leinwand, 96 × 73 cm, Nachlaß Eduard Bargheer

Vorwort der Herausgeber

Am 1. Juli 1979 ist Eduard Bargheer in seinem Haus in Hamburg-Blankenese gestorben. Zu seinem zehnten Todestag findet im Eduard-Bargheer-Haus eine Ausstellung mit Bildnissen und Selbstbildnissen des Künstlers statt. Parallel erscheint dieser zweite Band der Pro-Arte-Edition.

Er ist mehr als ein Katalog zur Ausstellung. Er soll ein lebendiges Bild von der Persönlichkeit des Künstlers und seiner Welt vermitteln. Deshalb sind dem Bildteil historische und aktuelle Textbeiträge von Freunden und Kollegen sowie von Kunsthistorikern zur Seite gestellt, die sich auf verschiedene Lebensabschnitte beziehen und unterschiedliche Facetten seines Wesens und Schaffens beleuchten.

Eduard Bargheers künstlerische Entwicklung, die selbstverständlich von den zeitgeschichtlichen Umständen mitgeprägt ist, läßt sich – wie auch an den Bildnissen und Selbstbildnissen deutlich wird – in Dezennien unterteilen: die Jahre der Weimarer Republik, die in den Erinnerungen der Malerin Gretchen Wohlwill und in einem Text des damaligen Direktors der Hamburger Kunsthalle, Gustav Pauli, lebendig werden; die dreißiger Jahre in Hamburg; die bedrängende, aber auch prägende Zeit des Florenzer „Exils“ im Kreise gleichgesinnter Künstler, der Heinrich Steiner einen atmosphärisch dichten Beitrag widmet; schließlich die drei Nachkriegs-Jahrzehnte auf Ischia und in Blankenese, die Entfaltung und Anerkennung bringen – sie spiegeln sich in den Erinnerungen und Würdigungen der anderen Autoren dieses Bandes.

Das Bild rundet sich durch einen Text aus Bargheers eigener Feder, in dem er seinem Malerfreund Werner Gilles, den er 1956 radierte, auch literarisch ein Denkmal gesetzt hat. Wie in die Bildnisse fließt auch hier in die Darstellung des anderen eine Selbstdarstellung mit ein.

Landschaft und figürliche Komposition waren die beherrschenden Themen in Bargheers künstlerischem Schaffen. Daneben hat ihn die Lust am Porträtieren zeitlebens nicht verlassen, und so erscheint es uns wichtig, daß auch diesem Teil seines Werkes einmal Aufmerksamkeit geschenkt wird.

Wir danken an dieser Stelle allen, die durch ihre Beiträge das Zustandekommen eines so informativen wie lebendigen Buches ermöglicht haben.

Dirk Justus, Peter Silze

Dirk Justus:
Ein Leben in Bildern

Der Verfasser ist Herausgeber der Pro-Arte-Edition und Betreuer des künstlerischen Nachlasses von Eduard Bargheer.

Eduard Bargheer war eigentlich zeitlebens ein Insulaner. Finkenwerder bei Hamburg, wo er 1901 geboren wurde, war damals noch von Norder- und Süderelbe eingeschlossen. Auf Inseln zog es ihn zeitlebens zurück. Auch Ischia, seine spätere Wahlheimat, war eine Insel. Das Inseldasein ist für sein Leben und Werk aber auch als Metapher zu verstehen. Inseln bilden einen kleinen Kosmos für sich. Die Inselbewohner müssen sich gegen Eindringlinge von außen verteidigen, gegen Stürme und Fluten. Der trotzige Verteidigungs- und Selbstbehauptungswille des Insulaners spricht aus den meisten Selbstporträts des Künstlers: das Kinn leicht vorgeschoben, abweisende Züge, ein kühler, forschender, Distanz schaffender Blick. Der Ausdruck der Selbstbilder ist meist eher melancholisch und pessimistisch. „Das, was uns traurig stimmt", sagte Bargheer 1954 in einer Ansprache anläßlich der Eröffnung des neuen Vortragssaales der Hamburger Kunsthalle, „ist das Fehlen der uns heute nicht mehr beschiedenen Gelassenheit [...] Aber der aufreibende, der verflachende Rhythmus unserer Zeit läßt sie nur sehr schwer aufkommen, jene Gelassenheit, ohne welche es ja auch keine Kunstbetrachtung gibt, keine Muße des Sichversenkens in ein Bild. Wir befinden uns heute im Zeitalter der Verteidigung [...] Wir wehren uns täglich vor der Vernichtung durch die Technik und verteidigen uns ständig gegen sie in all ihren so lieblich sich einschleichenden verführerischen Varianten, ihren Maschinen und Motoren, ihren Radios und Fernsehinstrumenten [...]"

Ausgangspunkt in der Malerei war für Bargheer das Augenerlebnis, und so haben seine Bilder immer Bezug auf sein Lebensumfeld oder auf das auf Reisen Erlebte. Er war ein Maler aus Leidenschaft, der sinnlichen Einfühlung ebenso zugetan wie der zum Konstruktiven, zur „Formel" strebenden Abstraktion, die dem Vorgegebenen das Gegenbild gegenüberstellt. Er wurzelte in künstlerischen Traditionen, war aber in der Sicht der Dinge, wie sie sich in seinen Bildern darstellt, immer originell. War auch die Landschaft der wichtigste Gegenstand seiner Malerei, so drängte es ihn doch auch zeitlebens, Freunde, Bekannte oder ihm wichtige Persönlichkeiten zu porträtieren.

Nur ausnahmsweise handelte es sich bei den Porträts um Auftragsarbeiten. So 1925, als er die Eltern von Rudolf Kinau, der als Gorch Fock in die Geschichte einging, zu malen hatte (Abb. 6, 7). Er erfuhr bei dieser Gelegenheit eine Versuchung, wie sie auch an einen Künstler herantreten und ihn korrumpieren kann. Bargheer hat diese Geschichte selbst so überliefert:

„Die Hauptsache ist es, daß man sich und der Kunst treu bleibt, auch wenn einmal der Versucher an einen herantritt. Und glauben Sie mir, vor solche Entscheidungen wird man immer wieder gestellt. So ist es mir bei meinem ersten Porträtauftrag ergangen. Ich sollte die Mutter von Gorch Fock malen. Als ich das fertige Bild der Familie Kinau zeigte, sagte Rudl zu mir: ‚Dat hest du joa ganz scheun henkregen, blos dat eene Oog von Mudder is too, dat meüst noch upmooken.' Nun war das eine Auge von Mutter Kinau tatsächlich halb geschlossen, und ich hatte es genauso gemalt, wie ich es erlebt hatte. Ich sagte das Rudl, aber er blieb dabei: ‚So wullt wi dat nich hebben, un wenn du dat Oog nich upmooken deist, dann war ik doaför sorgen, dat dat Bild nich nöm wart.' Ich ging in meinen Keller zurück. Ich brauchte das Geld dringend, aber – die künstlerische Wahrheit verlangte, daß ich es so ließe, wie ich es gemalt hatte. Eine Nacht lang habe ich mit meinem Engel gerungen; hier war die breite Straße zum Erfolg – mit immer neuen Konzessionen gepflastert – und dort der schmale steinige Pfad zur hohen Kunst, – und ich habe das Bild nicht geändert; ich besitze es heute noch, und es erinnert mich immer wieder an diese Stunde der Entscheidung." (zitiert nach Heydorn, 1976).

Das früheste überlieferte Porträt Bargheers ist das des Schauspielers Friedrich Siems von 1923, das diesen in seiner Rolle als Oswald in Ibsens „Gespenster" darstellt (Abb. 5). Auffällig ist die formale Verwandtschaft zu dem vier Jahre später in Paris entstandenen Selbstbildnis (Abb. 12). Es ist wohl auch Siems, den man auf dem Aquarell aus Paris von 1927 (Abb. 11) im Hintergrund sieht. Es scheint auf den ersten Blick so, als handele es sich hier um ein reales Doppelporträt. In Wirklichkeit stellt Bargheer sich hier vor einem von ihm gemalten Bild dar, das heute verschollen ist. Mit diesem „Doppelporträt" muß es eine besondere Bewandtnis haben, denn Bargheer hat es mit der Signatur auf den Tag genau datiert: „Paris, 6. 1. 1927".

Wie das Siems-Porträt von 1923 zeigt, hatte Bargheer schon früh eine Affinität zum Theater. Er war immer mit Theaterleuten befreundet. So hatte er Gustaf Gründgens schon in dieser Zeit in Hamburg

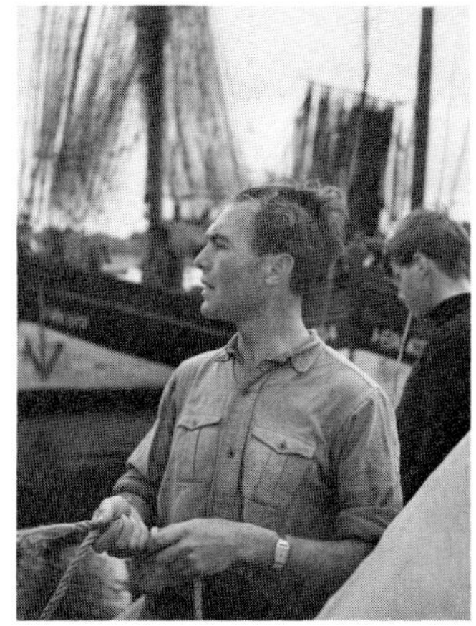
Eduard Bargheer im Finkenwerder Fischerhafen, zwanziger Jahre

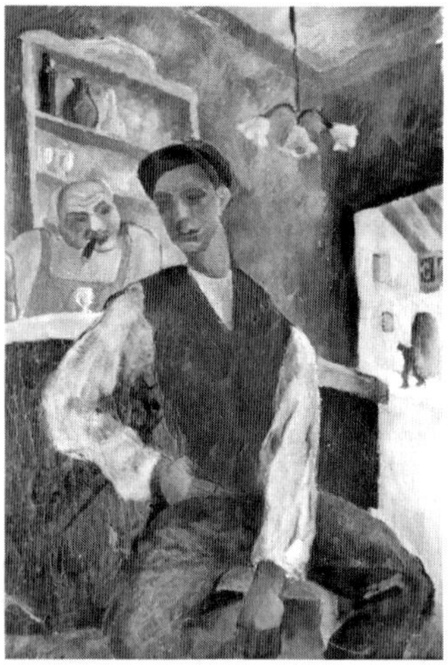

2. Le Bistro, 1927,
Öl auf Leinwand, 65 × 46 cm,
Düsseldorf, Privatsammlung

kennengelernt und traf mit ihm in den dreißiger Jahren wiederholt in Paris zusammen, wo er auch die Bekanntschaft Klaus Manns machte.
Was Bargheer an der Darstellung von Siems in seiner Schauspieler-Rolle 1923 reizte, war sicher das exaltiert Künstliche, das Maskenhafte. Es deutet sich hier schon die Tendenz in Bargheers Porträt-Schaffen an, das Individuum als Ausdrucksträger von Überpersönlichem zu sehen, es auch als durch seine Rolle definiert zu betrachten. Beim „Esser“ (Abb. 10) zum Beispiel geht es um eine Rolle, die gesellschaftlich bestimmt ist; eine soziale Problematik klingt an, wie auch beim „Bistro“ (Abb. 2). Maskenhaft und von seiner Rolle geprägt erscheint uns auch das Gesicht des Musikanten (Abb. 27), Vorbote des heraufziehenden Krieges.
Eine Tendenz zur Maske findet sich auch im Nachkriegswerk wieder, wenn auch unter anderem Vorzeichen: Es geht Bargheer jetzt vor allem darum, aus den flüchtigen Erscheinungsbildern das Wiederkehrende, das „Gesetzmäßige“ herauszufiltern; dies erreicht er auf dem Wege weitergehender Abstraktion (siehe z. B. Abb. 30, 31, 32). Bargheer läßt jetzt im Individuellen und Phänotypischen stärker das Prototypische durchscheinen (Abb. 34–37). Oft, wenn ich heute durch die Gassen Forios gehe, begegnen mir Gesichter, die ich von Bargheers Aquarellen der fünfziger Jahre her zu kennen meine. Er ist noch da, ihr „Typus“, er ist inzwischen nachgewachsen.
Das selbstgewählte Inseldasein hat Bargheer nie davon abgehalten, Vorstöße hinaus in die Welt zu unternehmen und sich mit den Fragen und Strömungen der Zeit intensiv auseinanderzusetzen. Geprägt haben ihn die frühen Reisen nach Paris und Italien, auch der Aufenthalt in Florenz während des Krieges im Kreise Gleichgesinnter, über den Heinrich Steiner in diesem Buch berichtet. Angeregt hat ihn die Freundschaft mit bedeutenden Kunsthistorikern, wie Aby Warburg, Erwin Panofsky (Abb. 25), Bernard Berenson (Abb. 45) und Ludwig H. Heydenreich (Abb. 22). In den fünfziger Jahren brauchte er nicht in die Welt hinauszufahren. Sie kam auf „seine“ Insel, die intellektuelle und künstlerische Prominenz der Zeit: Schriftsteller, Film- und Theaterleute, zeitgenössische Komponisten, schließlich auch die großen Sammler wie Sprengel oder Ströher. Viele hat er damals radiert, wie zum Beispiel den Poeten Wystan Auden („Das Zeitalter der Angst“; Abb. 43). Der Kontakt zur Außenwelt blieb auch erhalten durch die großen Ausstellungen, in denen sein Werk vorgestellt wurde oder an

denen er beteiligt war, wie an der Biennale in Venedig und der documenta I und II. Die Beziehung zu den Malerkollegen in Deutschland hielt Bargheer durch die Mitgliedschaft im Künstlerbund aufrecht, an dessen Jury er wiederholt teilnahm, ferner durch die Lehrtätigkeit an den Hochschulen in Hamburg und Berlin.
Nach dem Besuch der Biennale in Venedig 1948 notierte Bargheer (in Hinblick auf Picasso und Klee):
"[...] Und wenn man von Maßstäben sprechen wollte, so könnte man es in dem Sinn tun, daß es bei diesen beiden Giganten kaum noch um ‚künstlerische' Probleme geht, sondern geradezu um ‚menschliche'. In Italien ist man sich der ungeheuren Gefahren innerhalb des Problemkomplexes der heutigen Kunst und der damit verbundenen Verantwortung bewußt." Diese Aussage charakterisiert auch Bargheers eigene Position nach dem Krieg.
Zwischen dem Holzschnitt von 1927 (Abb. 3), der Einladungskarte zu seiner ersten größeren Galerie-Ausstellung, auf der Bargheer sich noch ganz in expressionistischer Weise darstellt, und der schroffen Selbstbild-Radierung von 1970 (Abb. 48) liegt ein kämpferischer und konsequenter Lebensweg. Auch die Bildnisse und Selbstbildnisse spiegeln Bargheers stilistische Entwicklung wider, auf die Wolfgang Henze in seinem Beitrag näher eingeht. Ein so dem Leben zugewandter Künstler wie er konnte nicht stehenbleiben bei einer einmal gefundenen Formel. In einem Artikel „Über meine Arbeit" von 1971 schrieb er vielmehr: „[...] Und so gilt es immer wieder, sich vor der Gefahr des Systems dadurch zu retten, daß man bereit ist, Fertiges zu zerbrechen zugunsten des Lebendigbleibens. Auf dem Wege sein, heißt, nicht zu verharren bei einer Idee, einer Erfindung, die ja stets tausend Möglichkeiten der Entwicklung in sich trägt, sondern den Mut haben, immer wieder einen neuen Weg einzuschlagen, sich wieder aus dem bequemen Hafen auf das hohe Meer des Ungewissen zu wagen."

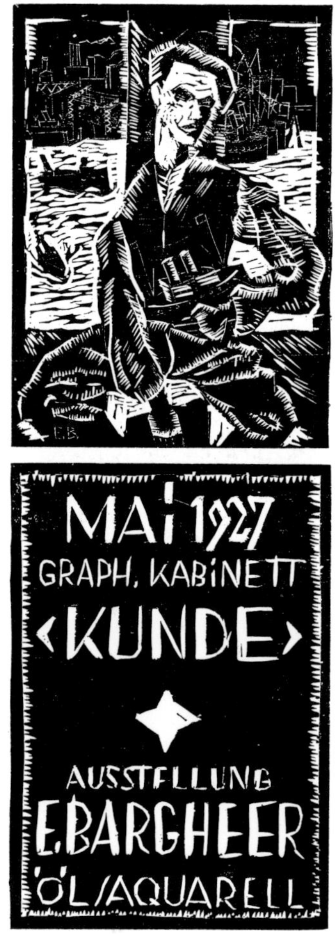

3. Selbstbildnis vor Hafen, 1927, Holzschnitt (Ausstellungseinladung Graphisches Kabinett Maria Kunde)

Gretchen Wohlwill: Erinnerungen an den Freund und Malerkollegen

Die Hamburger Malerin Gretchen Wohlwill (1878–1962) besuchte 1909/10 die Matisse-Schule in Paris. 1919 gehörte sie zu den Gründungsmitgliedern der Hamburgischen Sezession, einer Künstlervereinigung, die in den Jahren der Weimarer Republik in der bildenden Kunst tonangebend in Hamburg war. Bargheer stellte 1927 erstmals in der Jahresausstellung der Sezession mit aus. 1929 wurde er als Mitglied aufgenommen. Gretchen Wohlwill lernte den Maler 1927 kennen. Hieraus entwickelte sich eine lebenslange, enge Freundschaft. Im Rückblick schildert die Künstlerin 1953 ihre erste Begegnung mit Bargheer.

Von ihm [Eduard Bargheer] könnte und müßte ich Bände voll schreiben. Seit nunmehr 25 Jahren verbindet mich mit ihm eine seltene Freundschaft, die auf mein Leben größten Einfluß gehabt hat. Auf einem Kostümfest bei Gerda Koppel habe ich ihn zum ersten Mal gesehen. Damals schon gewann er mein Herz nicht durch seine strahlende Ausgelassenheit, sondern auch durch die kurzen Worte: „Ick mug din Krom so girn lieden“. Von einem soviel jüngeren Künstler ein ermunternder Ausspruch. Bald danach fuhr er nach Italien, und wir haben uns lange Zeit hindurch nicht gesehen, bis er eines Tages bei Frau Durrieu auftauchte, wo wir allwöchentlich zum Porträtzeichnen irgendeiner prominenten oder jedenfalls markanten Persönlichkeit zusammenkamen. Diesmal war das Modell Eduards älterer Bruder Ernst. Andere Male saßen uns Leute wie Professor Liepmann, Sauerlandt, mal ein Chinese, Mrs. Powell etc. Nach der Sitzung, zu der immer eine ausgedehnte Teepause gehörte, gingen Bargheer und ich dann gemeinsam zu einer Tanzvorstellung im Curiohaus von Mary Wigman. Unterwegs bat er mich, ihn doch mal in seiner Kate in Finkenwerder zu besuchen. Ich darauf nur: „Wann?“ Er hatte ein so promptes Eingehen auf seine Aufforderung nicht erwartet. Nun war damit eigentlich schon der Anfang zu allem Folgenden gemacht. An einem Vormittag setzte ich mich also auf den Finkenwerder Dampfer, und dort an der Endstation erwartete er mich in seinem dunkelgrauen mit grün abgesetzten Sweater. So strahlend wie damals habe ich ihn immer vor Augen, obwohl später noch manche weniger glückliche Stunden folgen sollten.

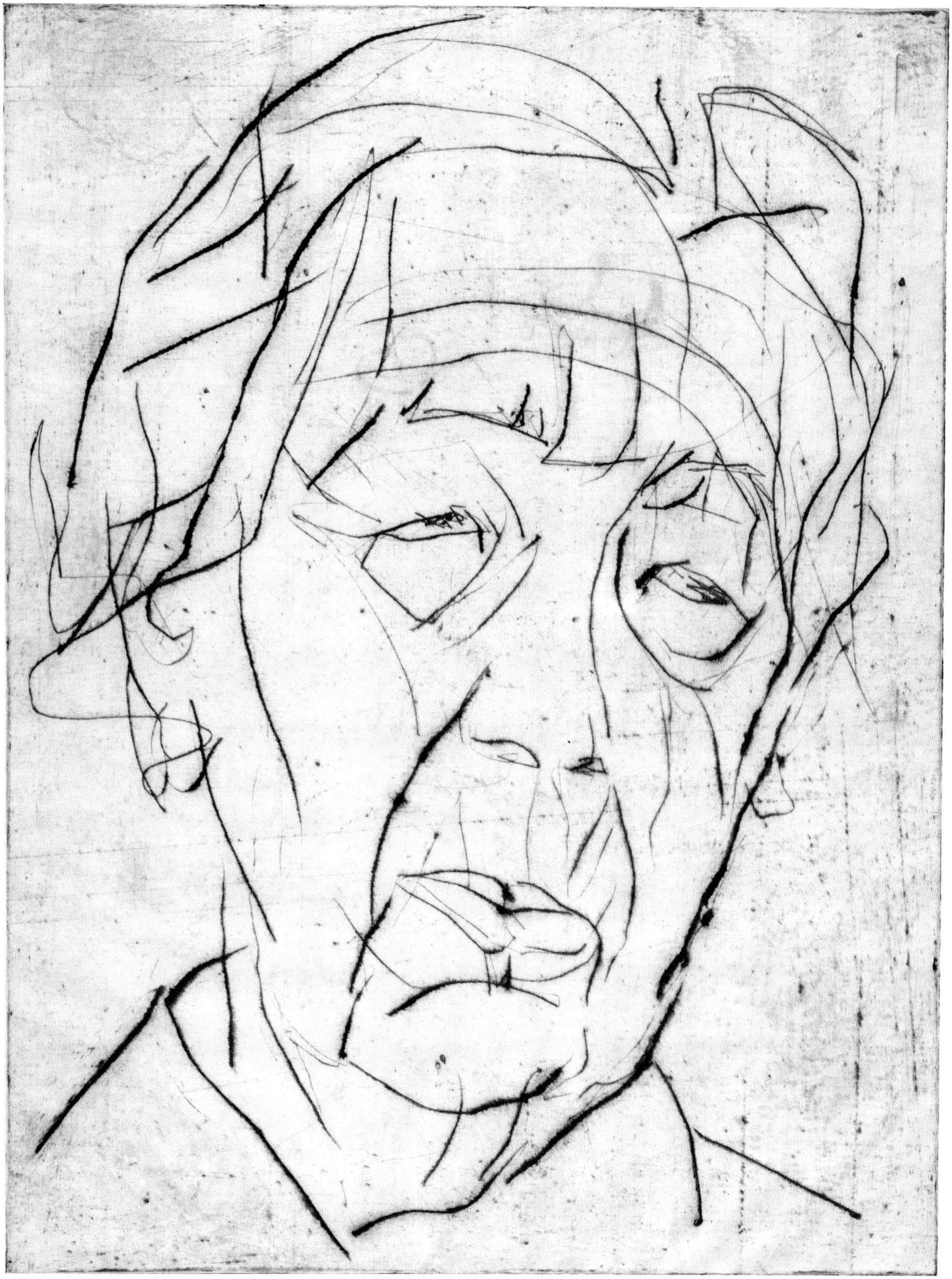

4. Gretchen Wohlwill, 1955, Radierung,
33 × 24,4 auf 48,5 × 31,4 cm, Nachlaß

Gustav Pauli:
Eduard Bargheer – ein Werdender

Gustav Pauli (1866–1938) war von 1914 bis 1933 Direktor der Hamburger Kunsthalle. Er kaufte 1930 für die Kunsthalle Bargheers Selbstbildnis mit Hut (Abb. 16). Bargheer hatte 1930 eine große Galerie-Ausstellung in Hamburg. Zu diesem Anlaß verfaßte Pauli für die Februar-Ausgabe der Kunstzeitschrift „Der Kreis" (1930) einen Artikel über Bargheer, den wir hier leicht gekürzt wiedergeben.

Mit einer aufatmenden Erleichterung begrüßt man neben den verschiedenen – sehr verschiedenen Manifestationen neuester Malerei, die nicht viel mehr als dieses gemeinsam haben, daß sie eben keine Malerei sind, hier und da ein echtes Malertalent. Sogar unter der Jugend. Sind es verspätete Nachblüten eines vergangenen Sommers oder einzelne Verkünder einer besseren Jahreszeit? – Allerdings ist der eigensinnige Geist der Zeit (– kein Gespenst, sondern eine immaterielle Wirklichkeit –) sehr mächtig im Aufbauen wie im Zerstören. Er begünstigt jetzt die Architektur und läßt Malerei und Plastik auf seltsame Art unbekümmert ins Kraut schießen. Aber auch die Talente sind eigensinnig, wie sie von Mutter Natur aus ihren Kornkammern immer von neuem ausgesät werden. Nicht alle von den Unzeitgemäßen lassen sich beugen oder ablenken. Einer von ihnen begegnet uns jetzt in Commeters Ausstellung. Eduard Bargheer ist noch jung, ein Werdender, keiner von jenen Fertigen, die sich wiederholen, weil sie nicht mehr wachsen. Er verspricht Verschiedenes. Der Kampf um die Kunst, d. h. um sich selbst, hat für ihn erst begonnen; doch da er frisch ist, guten Mutes und der eigenen Kraft ohne Überheblichkeit vertraut, so glauben wir, daß er sein Versprechen halten werde.

Wir sehen in der Ausstellung Landschaften, Bildnisstudien, Stilleben, in Öl und Aquarell breit und scheinbar rasch gemalt. Ihre Farbigkeit ist gedämpft, häufig begegnen uns gelblich graue, mattbraune Töne; auch schwärzliches Grau ist nicht vermieden, wenn ein Umriß betont oder ein Schatten vertieft werden soll. So ist der Gesamteindruck der beiden Räume einheitlich, ohne eintönig zu sein. Alle diese Dinge sind vor der Natur entstanden, vor unserer verschleierten ernsten niederelbischen Natur. Dem Ankömmling aus südlicheren Breiten erscheint diese unsere liebe Mutter Natur des Küstenlandes wohl gar als melancholisch verweint oder als wortkarg und mürrisch. Doch *scheint* sie nur so zu sein. Wer sie kennt, der weiß, daß sie gütig gelassen und voll heimlicher Munterkeit ist, wenn sie die grauen Wolken vor sich hertreibt, um uns abwechselnd zu begießen und zu belächeln. Wie die Natur, so die Menschen.

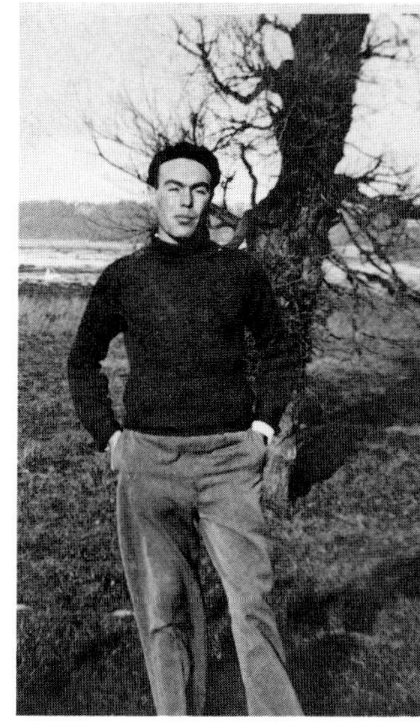

Auf Finkenwerder, Ende der zwanziger Jahre

Inmitten dieser Natur, in Finkenwerder, ist Bargheer geboren und herangewachsen. Er hat sie nie verlassen, auch auf seinen Studienreisen in Paris und in Italien nicht, da er sie in seinem Herzen mitnahm. Unter fremden Ländern, die er sah, scheint ihm das stammverwandte Holland am meisten gewährt zu haben. Vielleicht fühlte er sich da bestätigt. So ist es nun einmal: Wir lernen nur, was wir eigentlich schon wissen. Jetzt sitzt Bargheer seit einiger Zeit wieder daheim in einem alten strohgedeckten Fischerhause am Elbdeich. Daneben hat er sich eine Art von Scheune als Atelier erbaut und eingerichtet. Was Wunder, daß seine Bilder diese Natur spiegeln! – um so treuer spiegeln, als sie durchaus keine „Heimatkunst“ vorstellen wollen.

Seine Bildnisstudien verraten eine starke Begabung für diese besondere Aufgabe. Das Seelische (oder Animalische) in den Gesichtern der Finkenwerder Jugend ist ausgezeichnet erwischt, weil mehr erfühlt als abgemalt. (Nebenbei: Was für ein merkwürdiger Typus begegnet uns hier! Mongoloide Züge mit Schlitzaugen, starken Backenknochen, kurzen Nasen und übervollen Lippen. Ist das Atavismus aus grauer Vorzeit oder die Spur wunderlicher neuerer Rassemischung?) Alle guten Bildnisse geraten unversehens in ein paar beschwingten Stunden, wenn Sympathie den Pinsel führt. Auf Bestellung gelingt für gewöhnlich nur eine mehr oder minder anständige Konvention. Möge unser junger Meister noch eine Reihe solcher Gelegenheitsbildnisse der guten Stunde malen und möge ihm der Geschäftsbetrieb des Porträtisten spät erst oder nie beschieden sein!

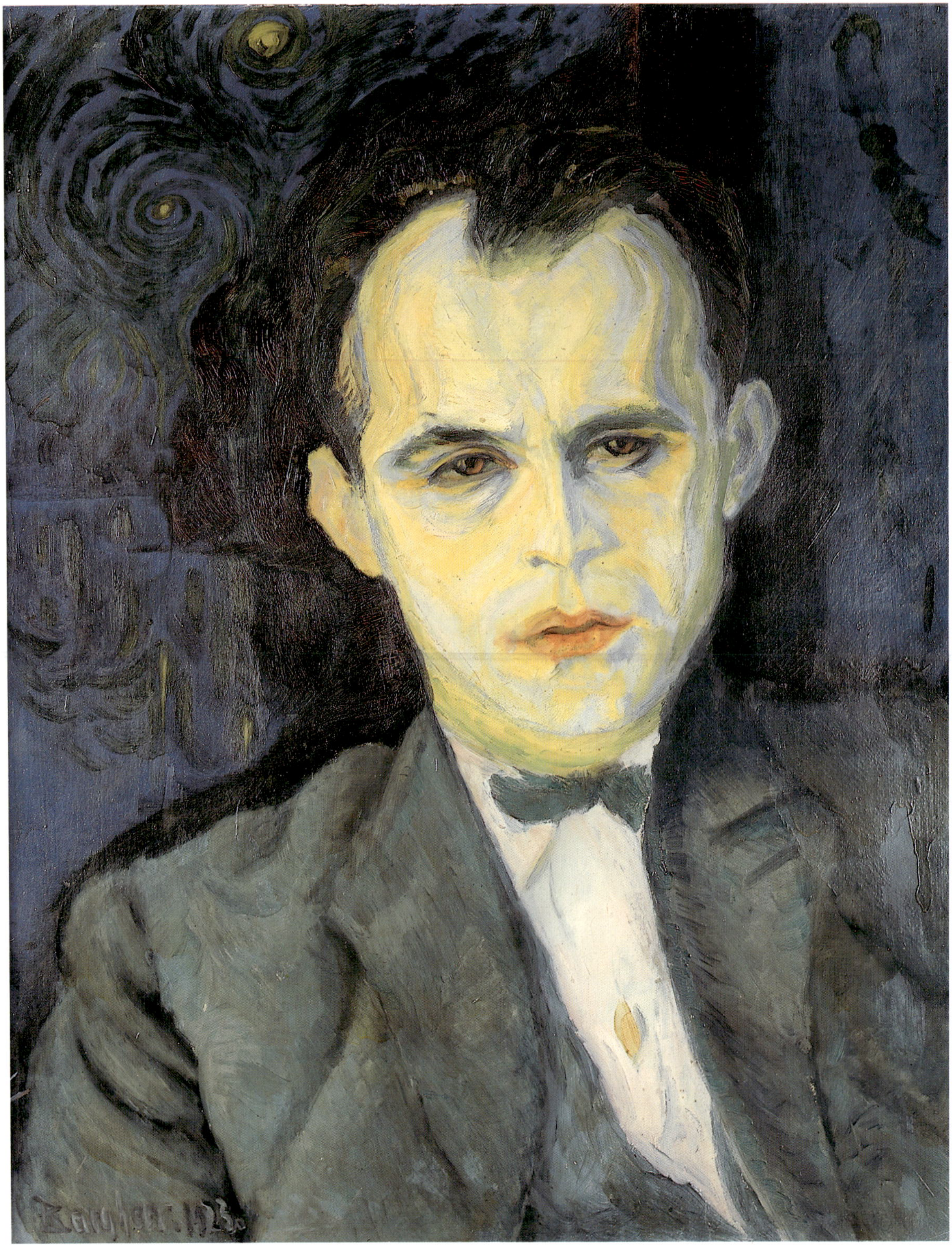

5. Friedrich Siems (als Oswald in Ibsens „Gespenster“), 1923, Öl auf Karton,
65 × 50 cm, Hennef, Privatsammlung

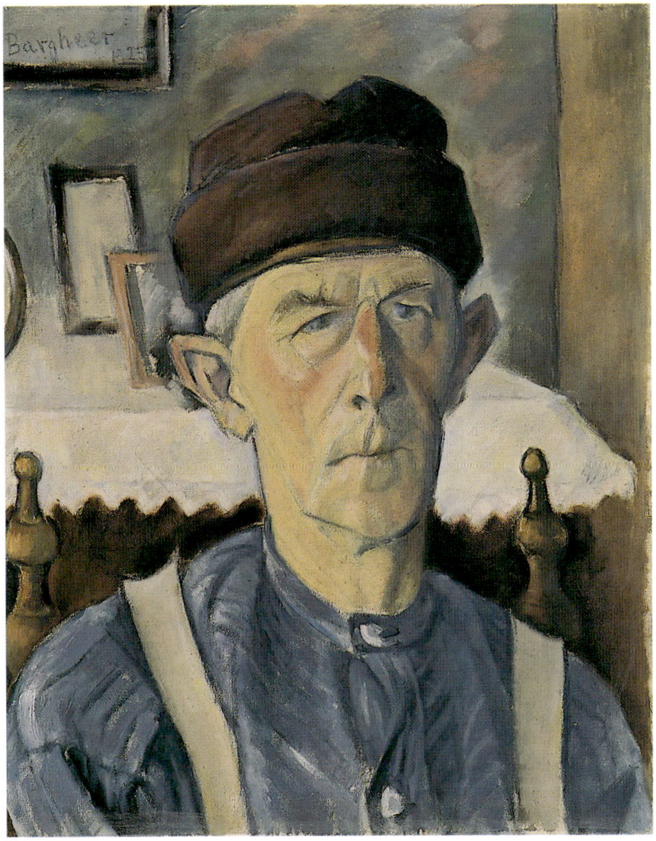

6. Vater Kinau, 1925, Öl auf Leinwand,
70 × 55 cm, Hamburger Öffentliche Bücherhallen,
Leihgabe des Nachlasses

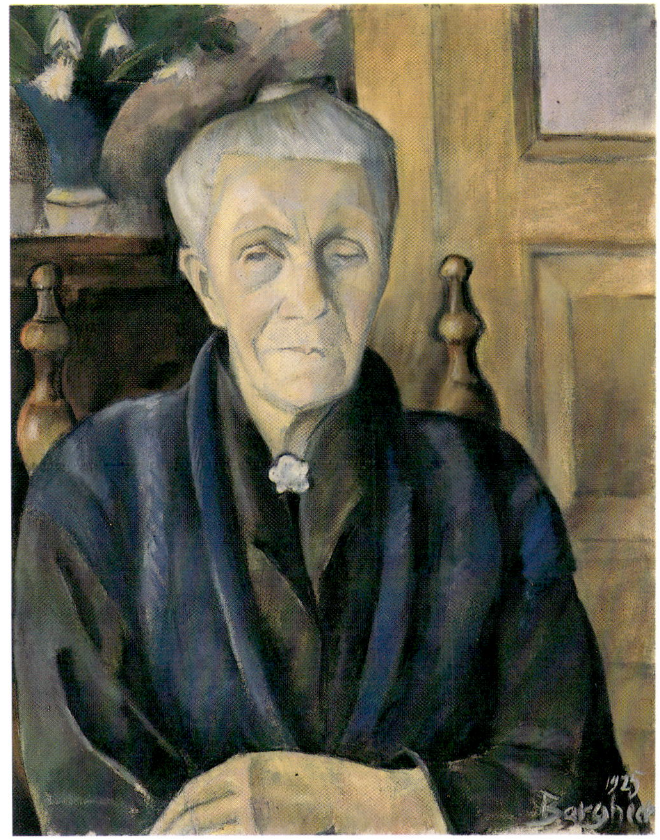

7. Mutter Kinau, 1925, Öl auf Leinwand,
80 × 55 cm, Hamburger Öffentliche Bücherhallen,
Leihgabe des Nachlasses

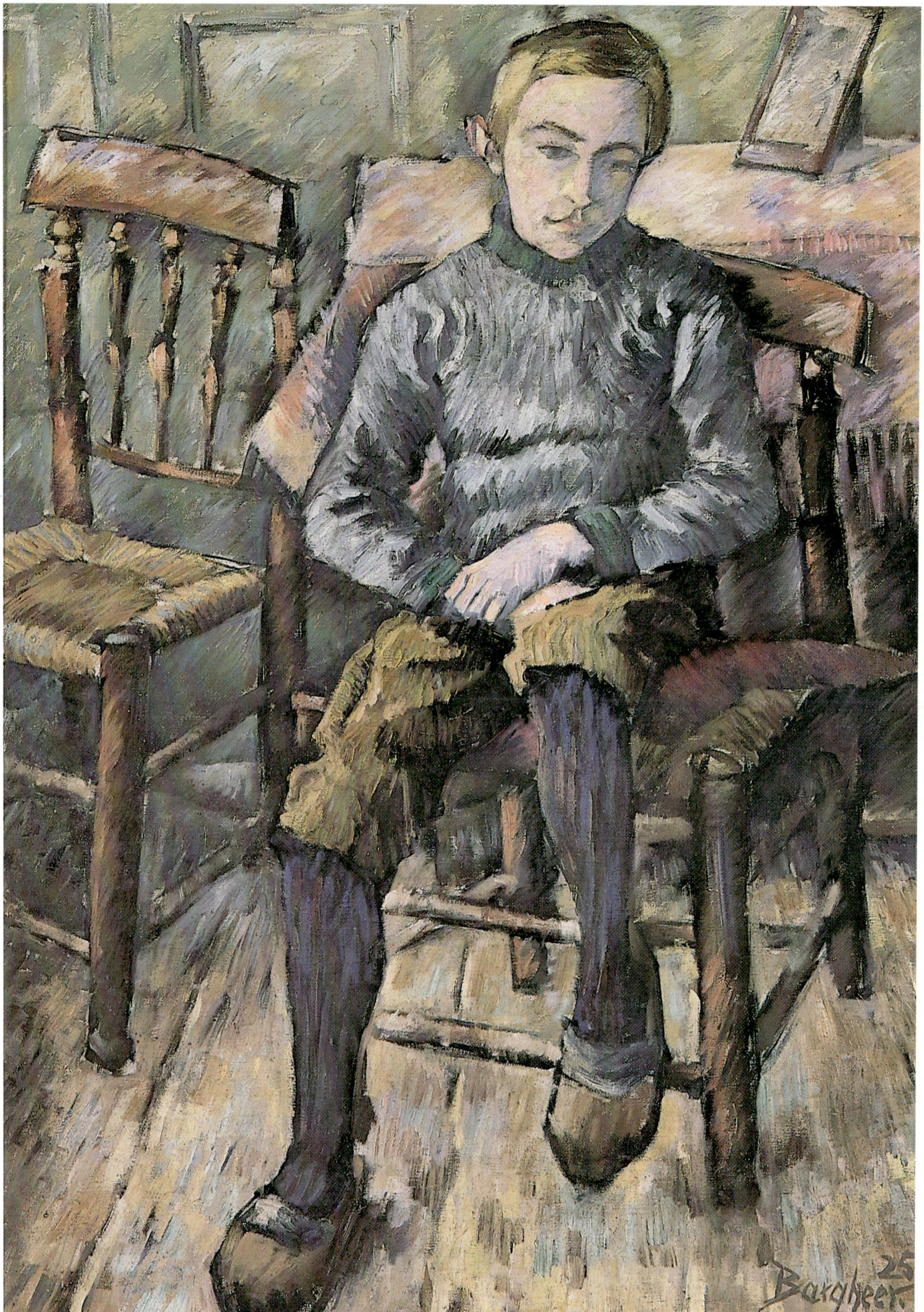

8. Sitzender Junge, 1926, Öl auf Leinwand,
102 × 72 cm, Nachlaß

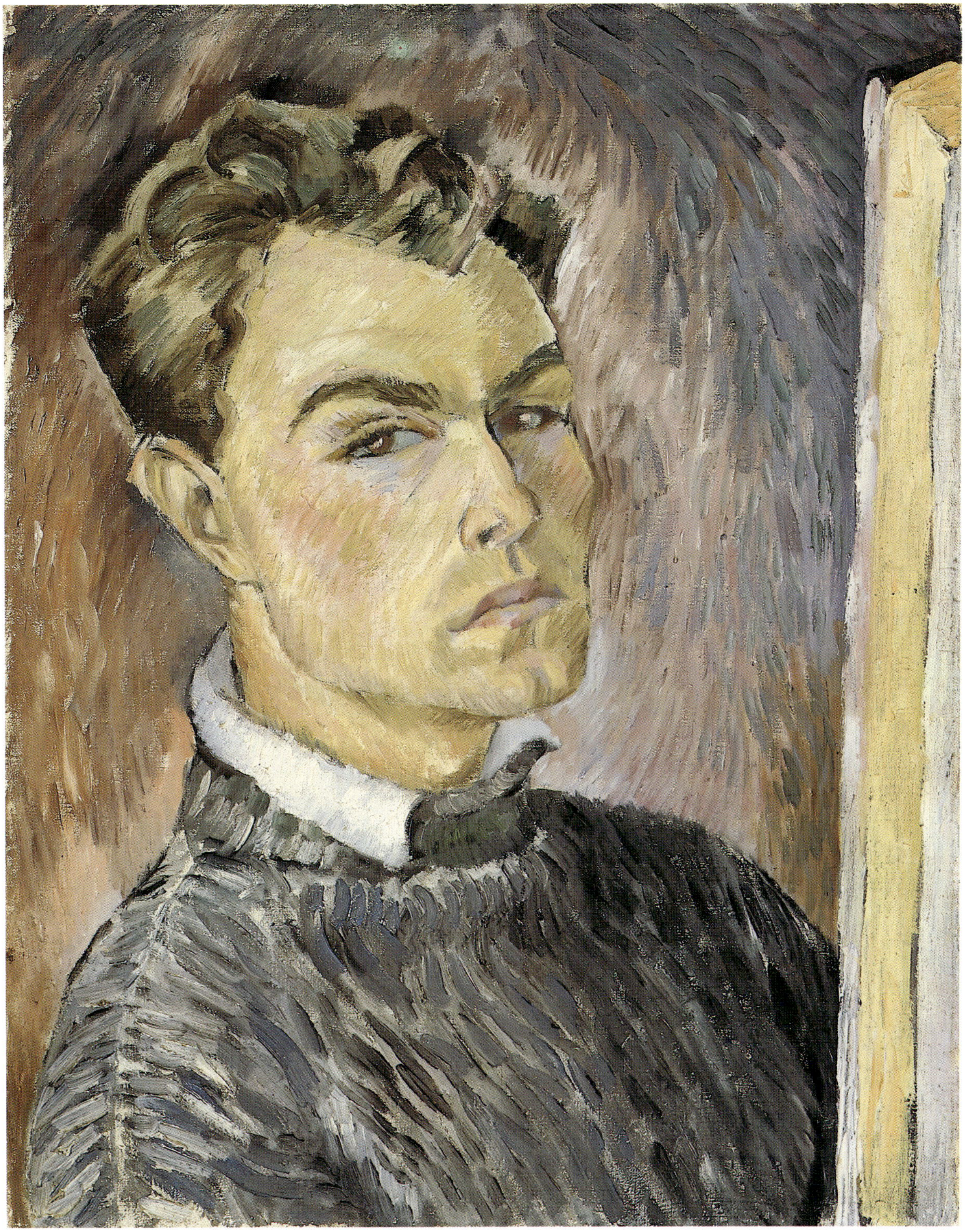

9. Selbstbildnis, 1926, Öl auf Leinwand,
58 × 45 cm, Hennef, Privatsammlung

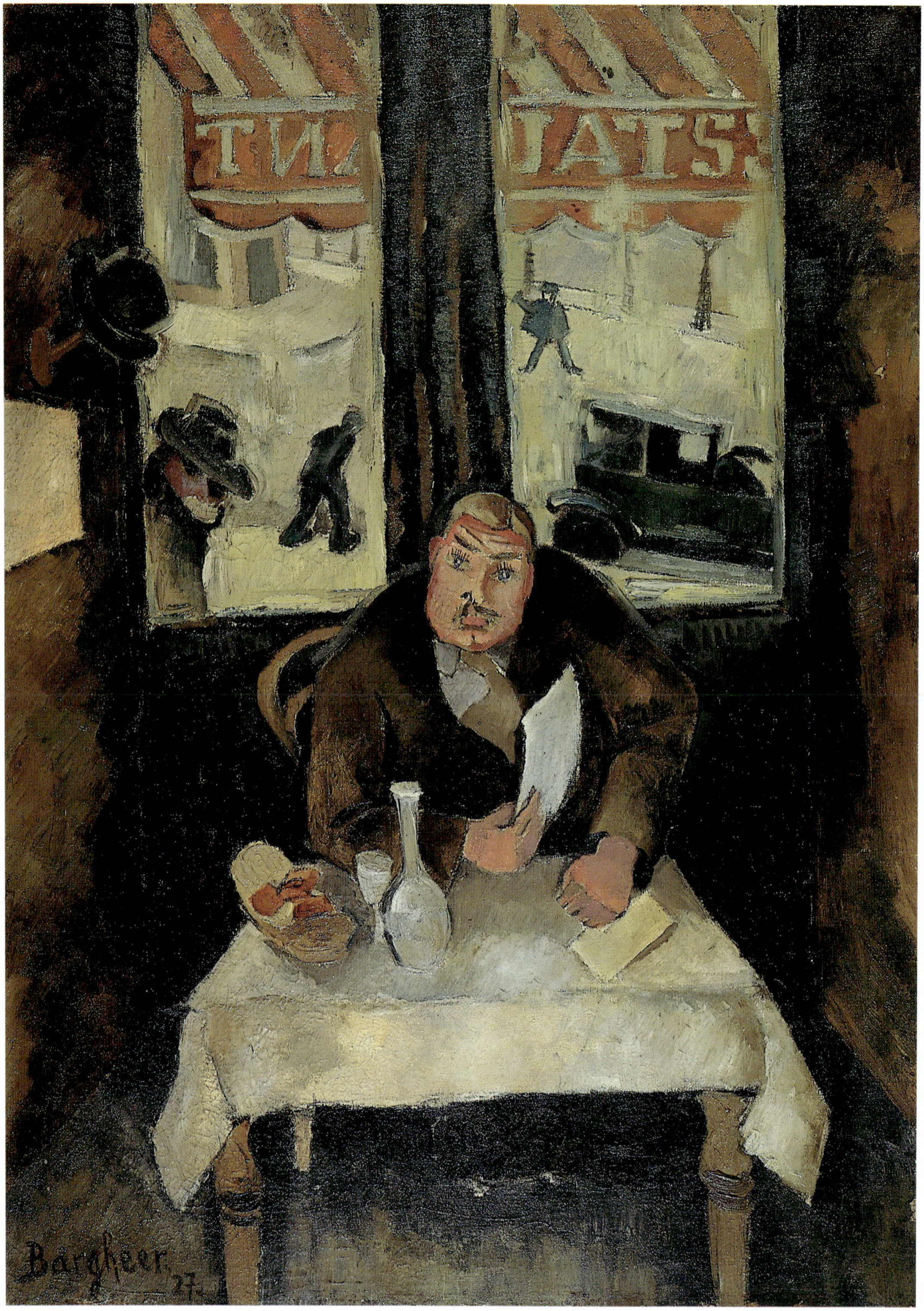

10. Der Esser, Paris 1927, Öl auf Leinwand,
65 × 46 cm, Hamburg, Privatsammlung

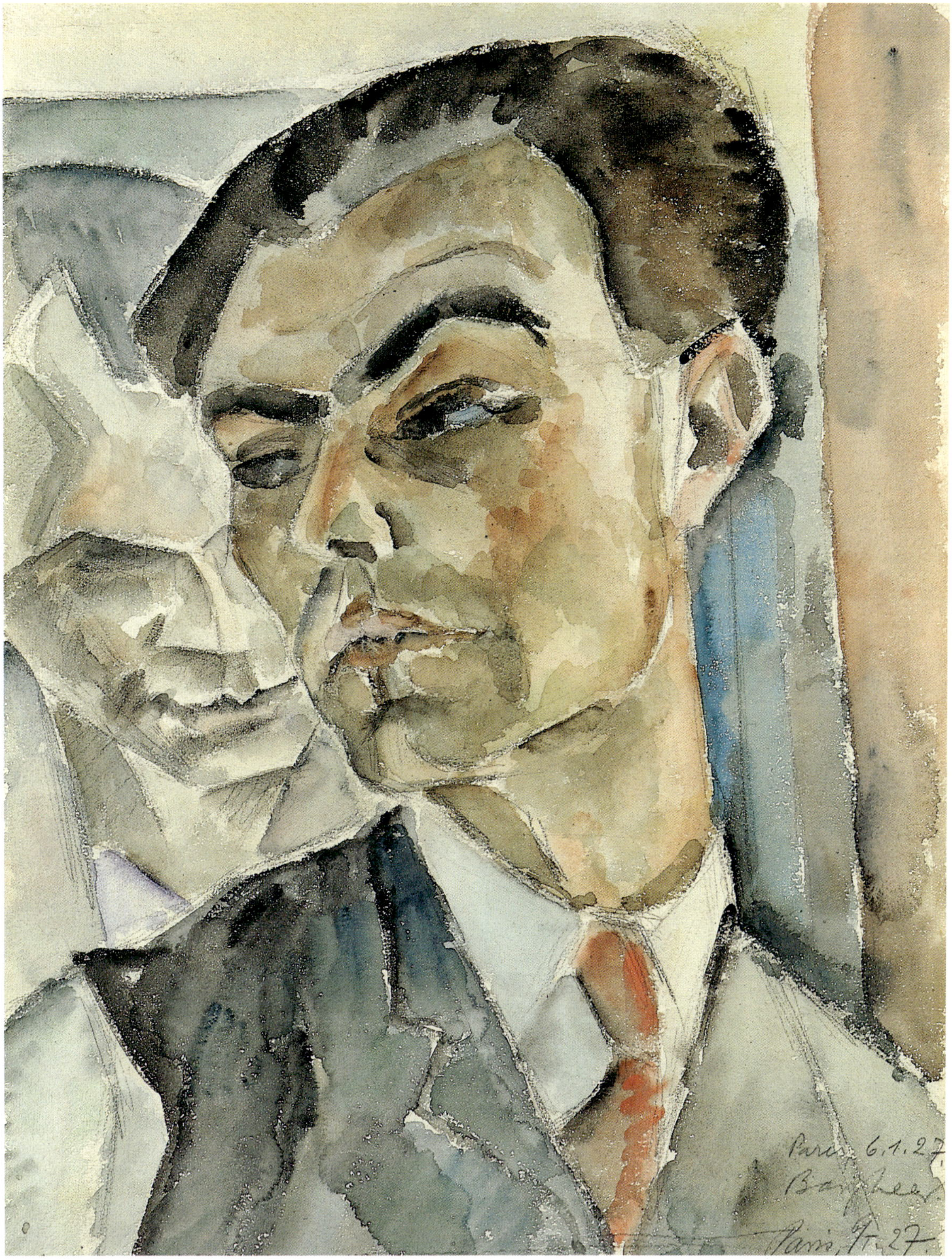

11. Doppelporträt, Selbst vor Aquarell, Paris 1927, Aquarell,
35 × 46 cm, Hamburg, Privatsammlung

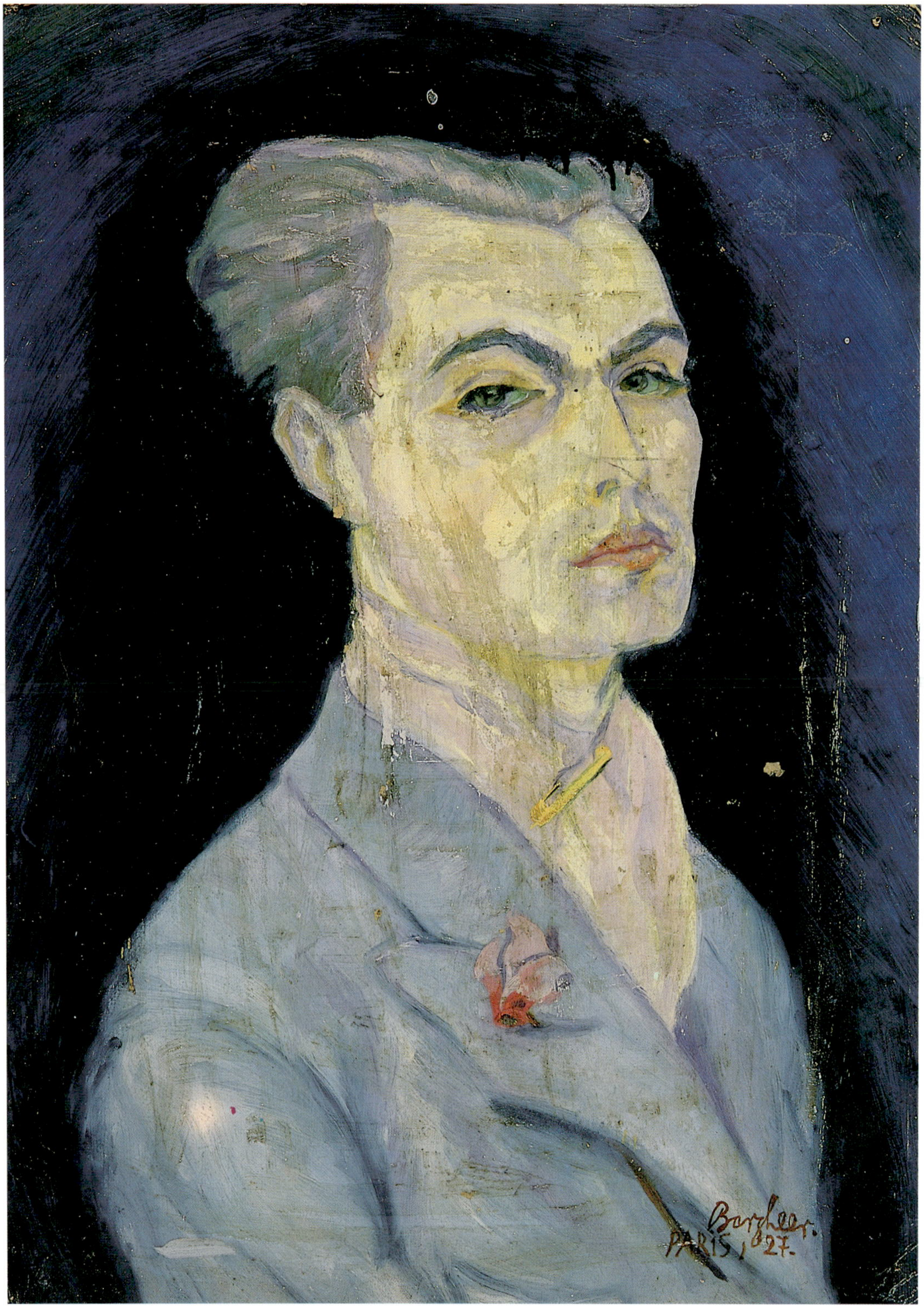

12. Selbstbildnis, Paris 1927, Öl auf Karton,
49 × 26 cm, Nachlaß

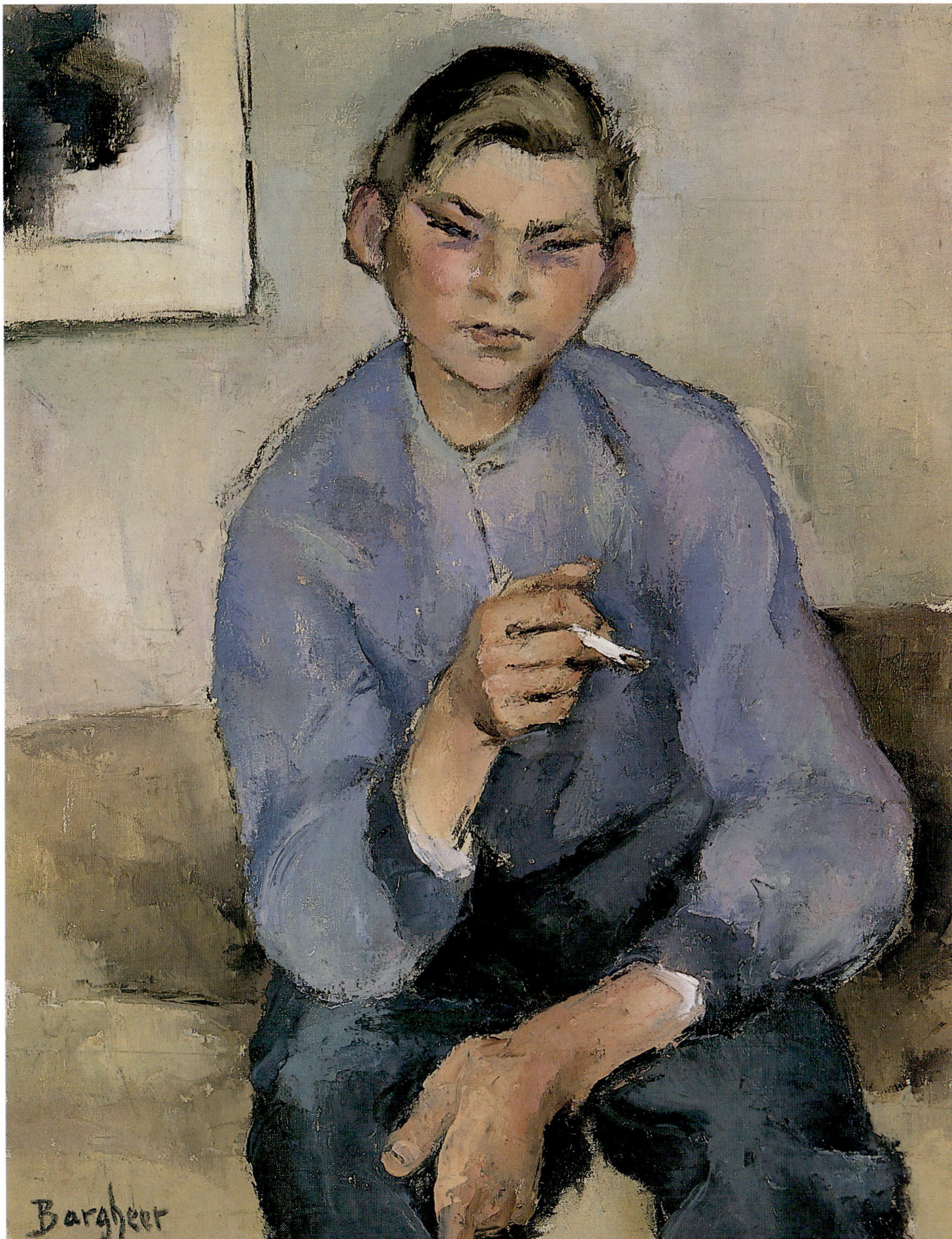

13. Jan Gröhn, 1927, Öl auf Leinwand,
92 × 74 cm, Nachlaß

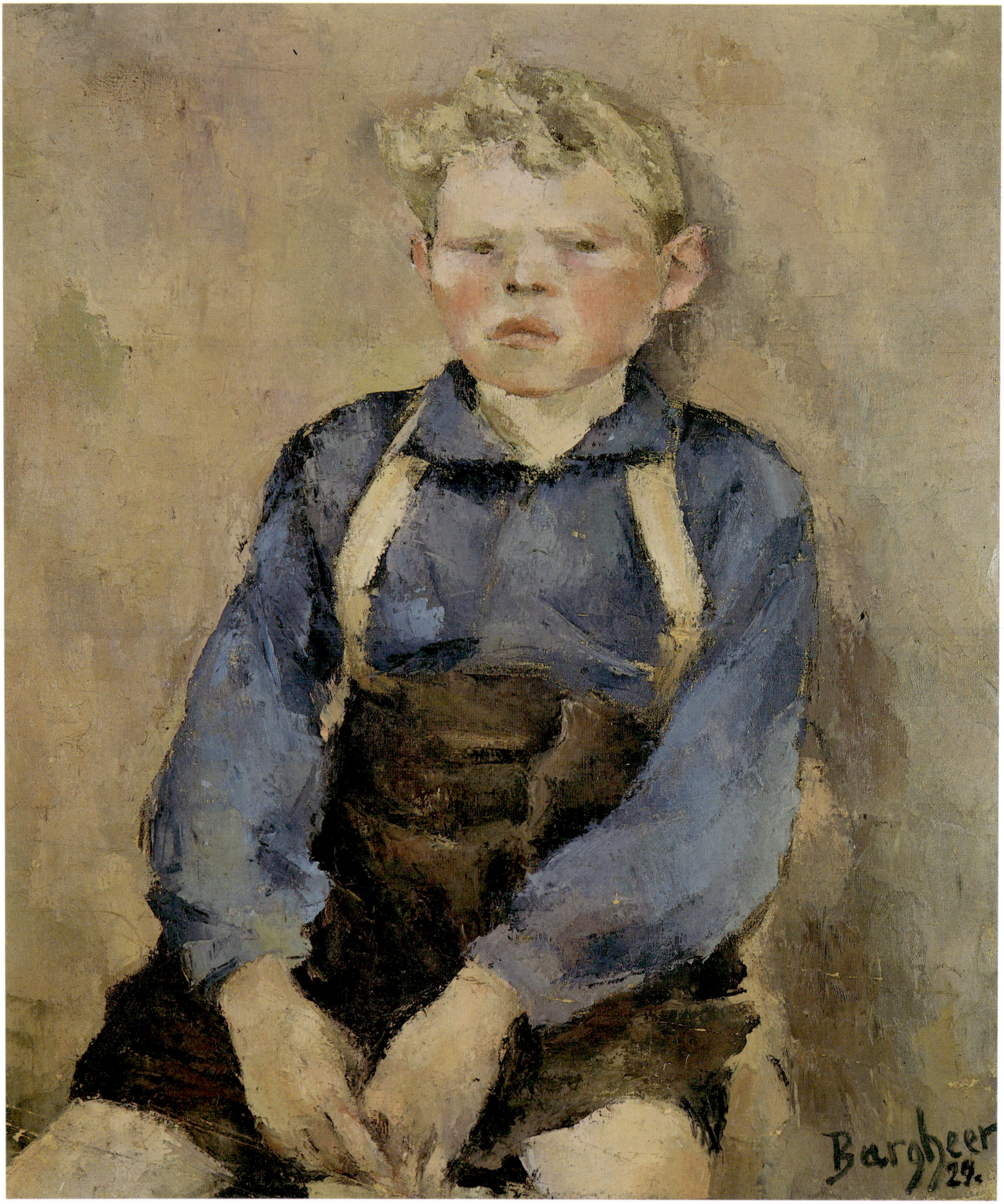

14. Finkenwerder Junge, 1929, Öl auf Leinwand,
85 × 70 cm, Nachlaß

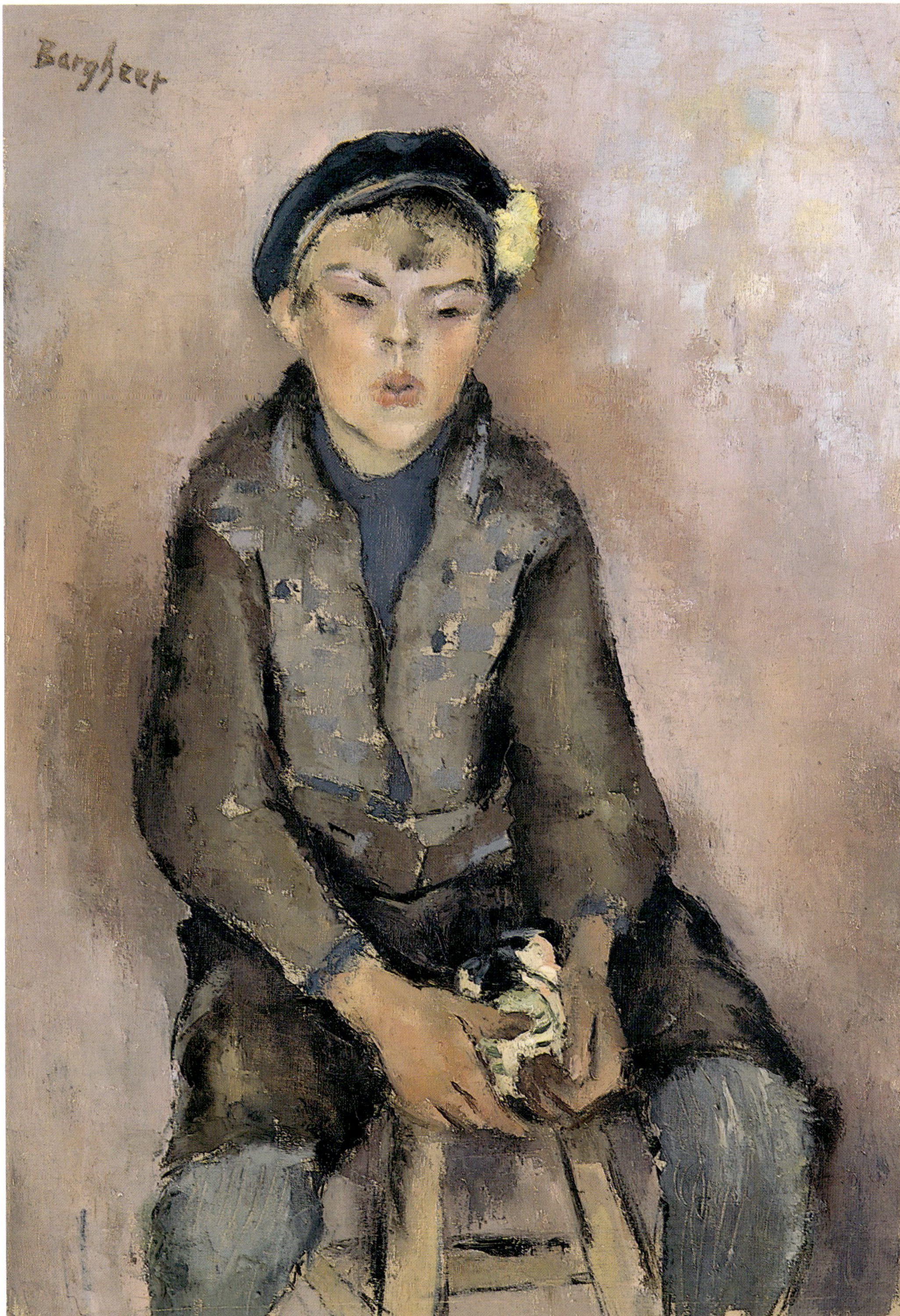

15. Jan Jan Lanker, 1930, Öl auf Leinwand,
106 × 74 cm, Nachlaß

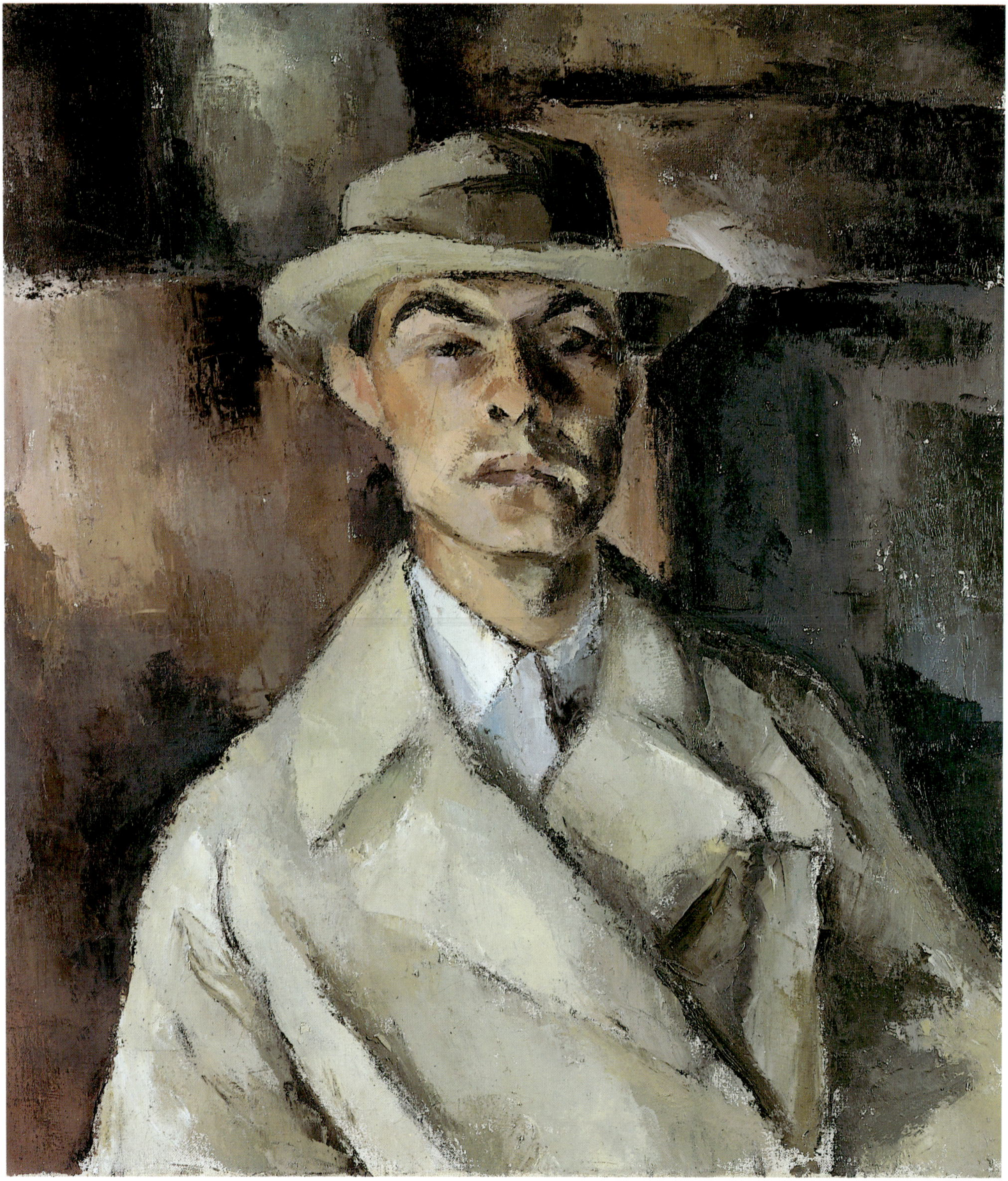

16. Selbstbildnis, 1929, Öl auf Leinwand,
80 × 70 cm, Hamburger Kunsthalle

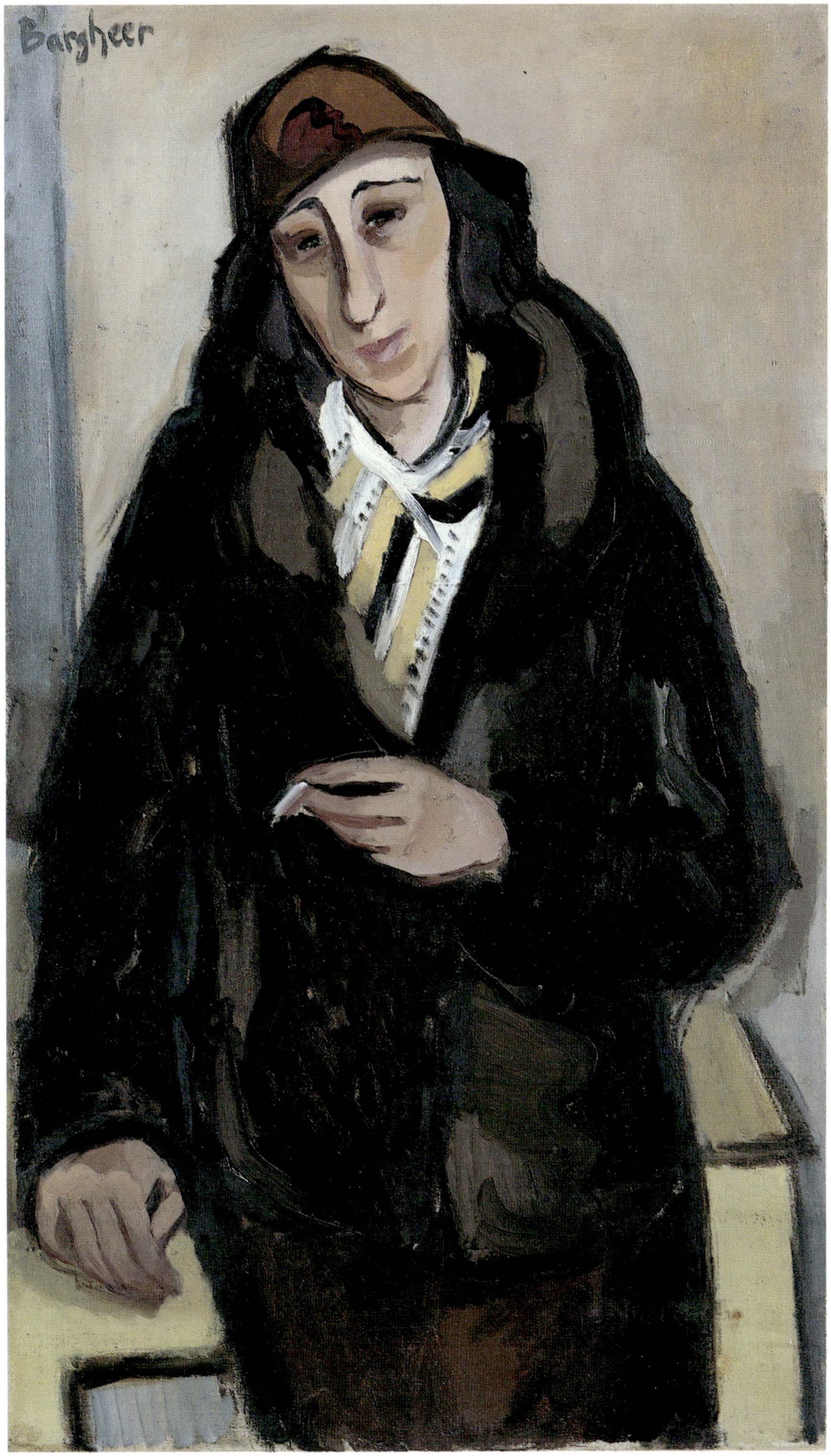

17. Olga Griesbach, 1929, Öl auf Leinwand,
106 × 61 cm, Nachlaß

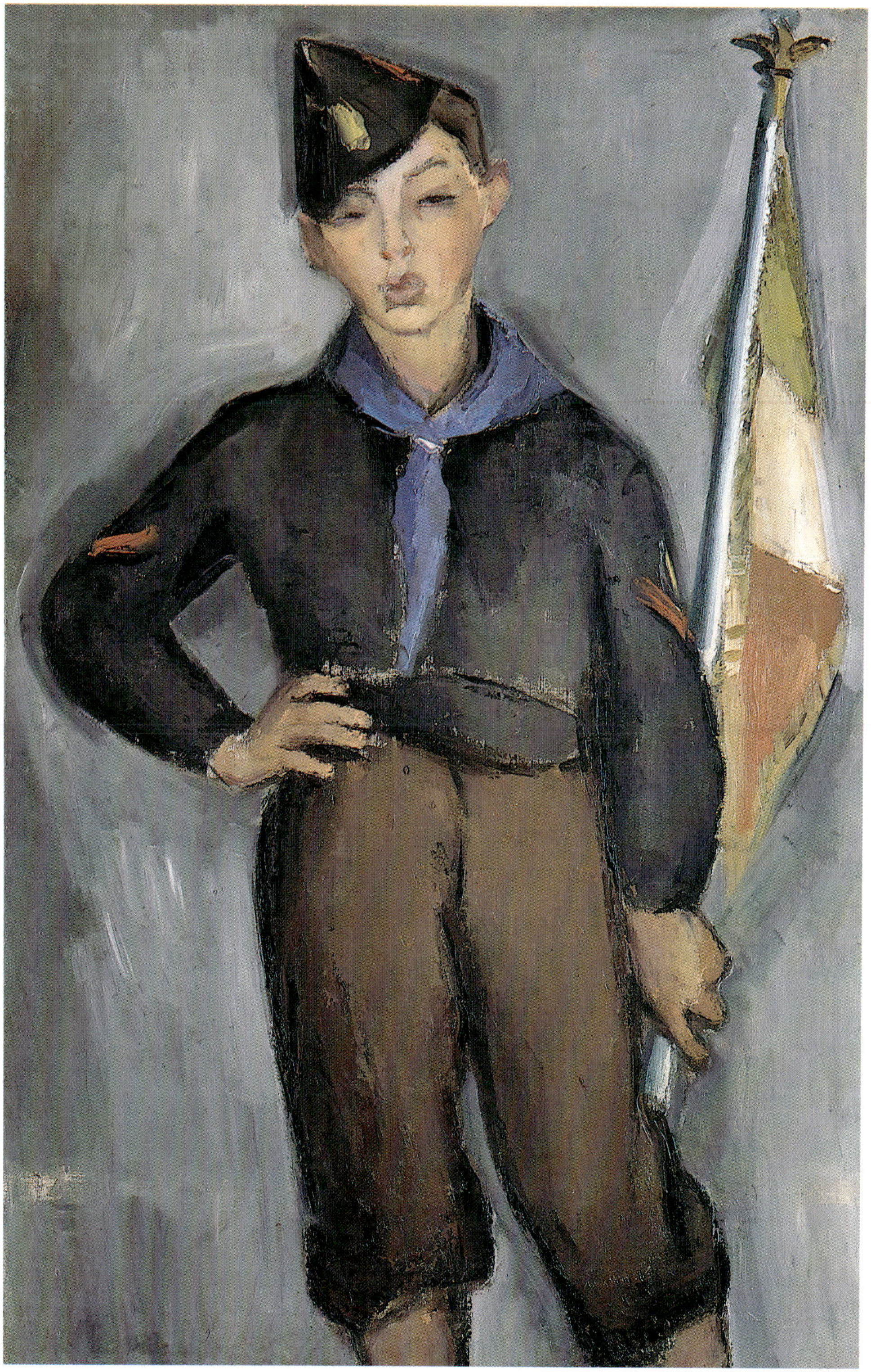

18. Ballila, 1931, Öl auf Leinwand,
118 × 96 cm, Nachlaß

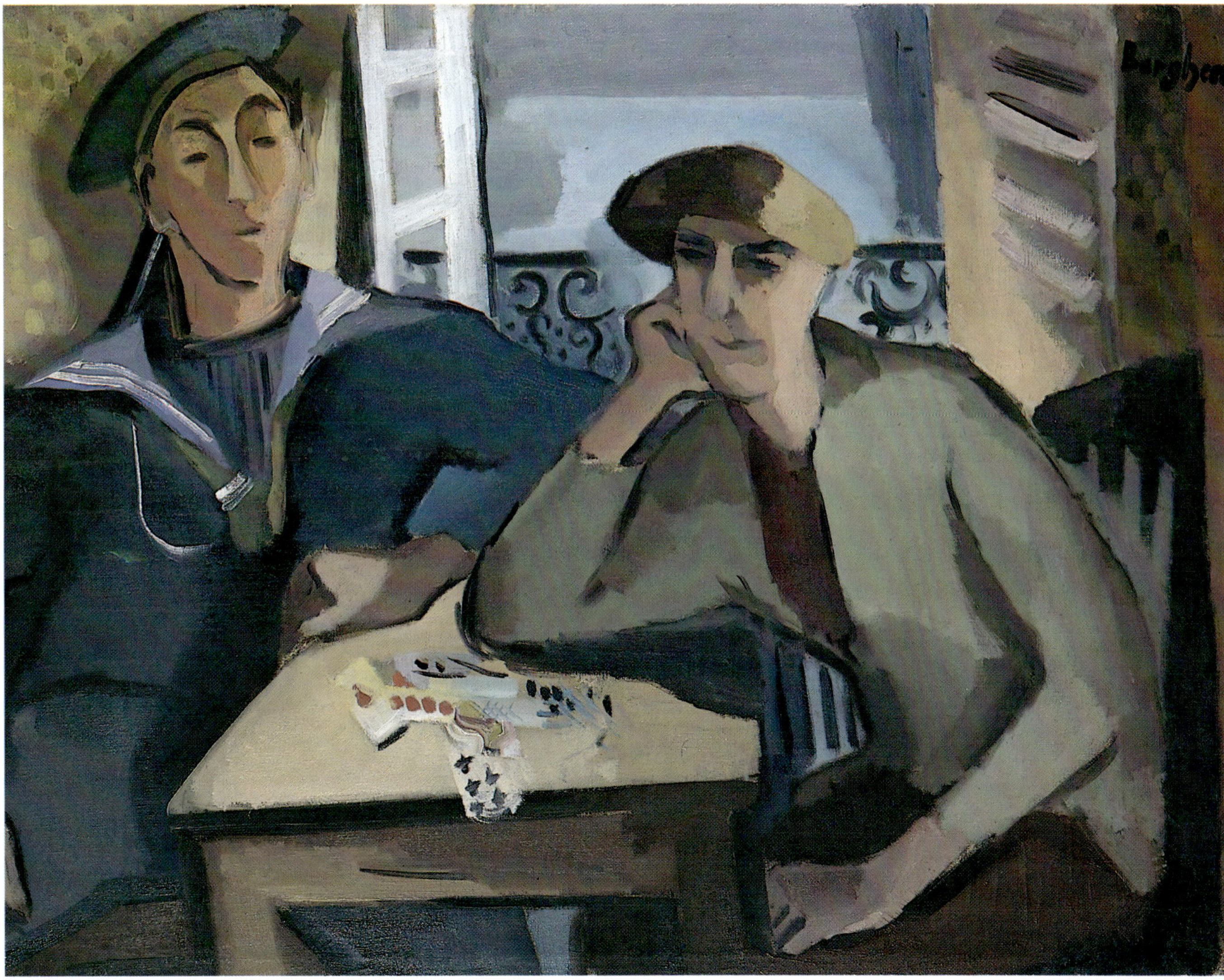

19. Kartenspieler (Lerici), 1931, Öl auf Leinwand,
94 × 125 cm, Nachlaß

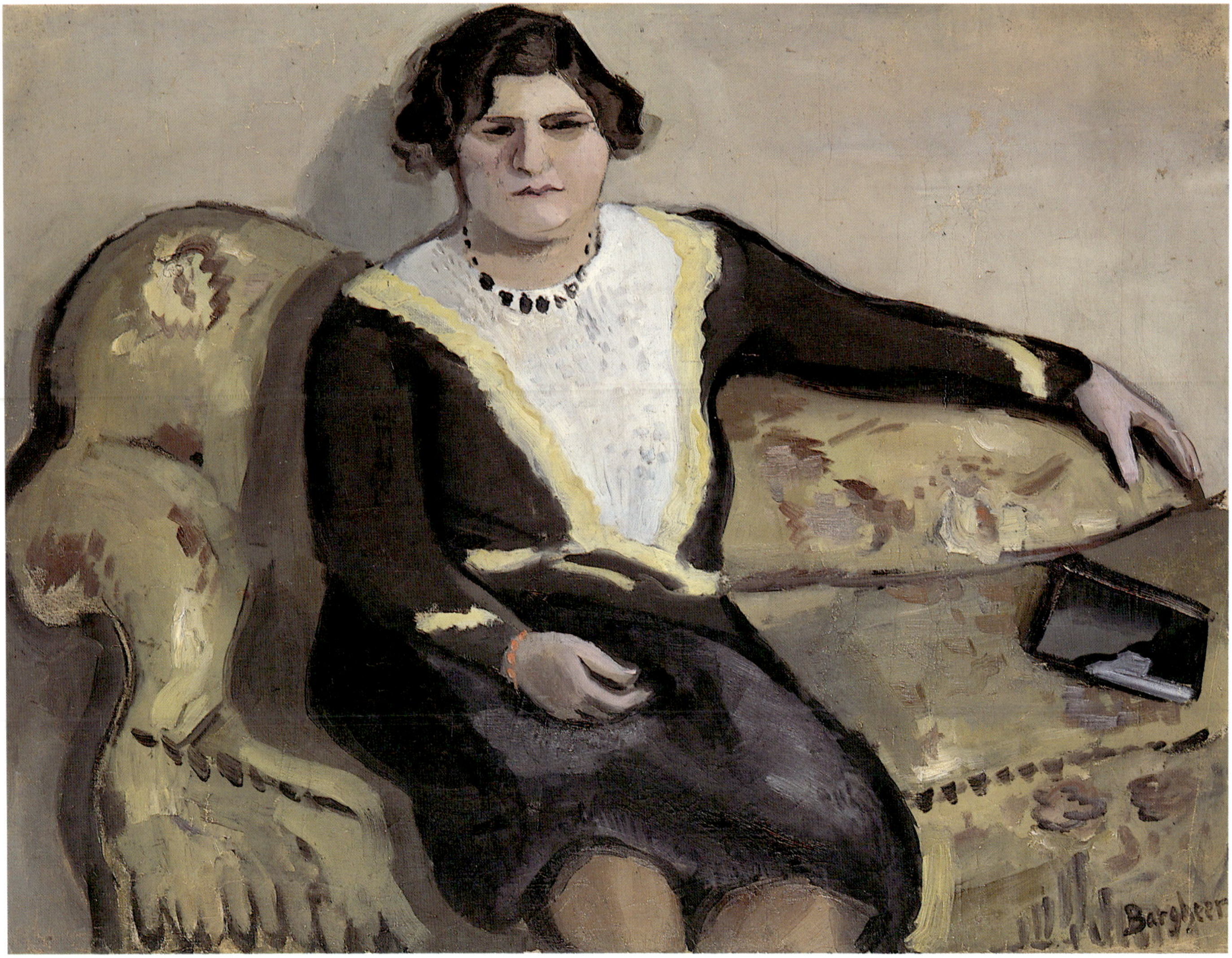

20. Schnuck (Amerikanerin), Paris 1933, Öl auf Leinwand,
92 × 119 cm, Nachlaß

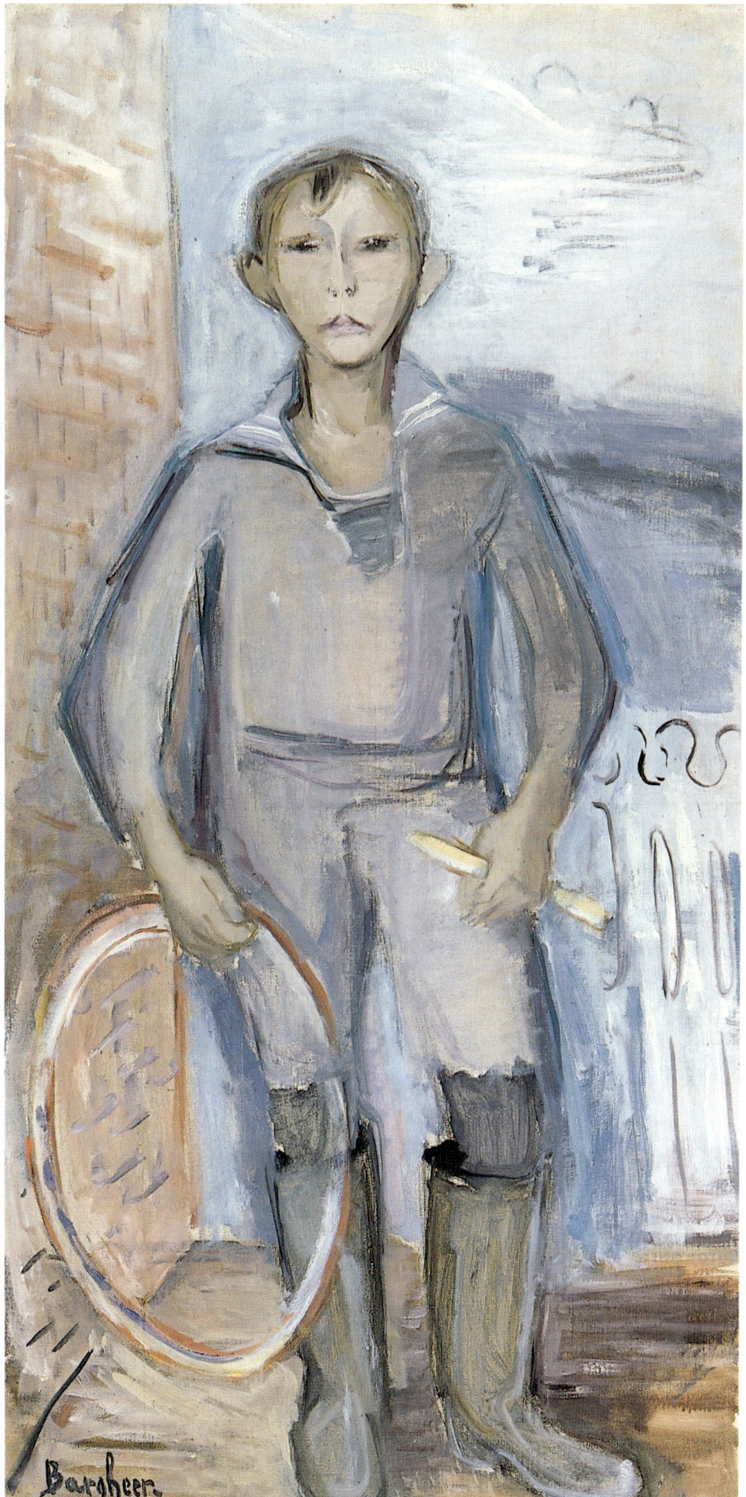

21. Junge mit Reifen, 1932, Öl auf Leinwand,
151 × 75 cm, Nachlaß

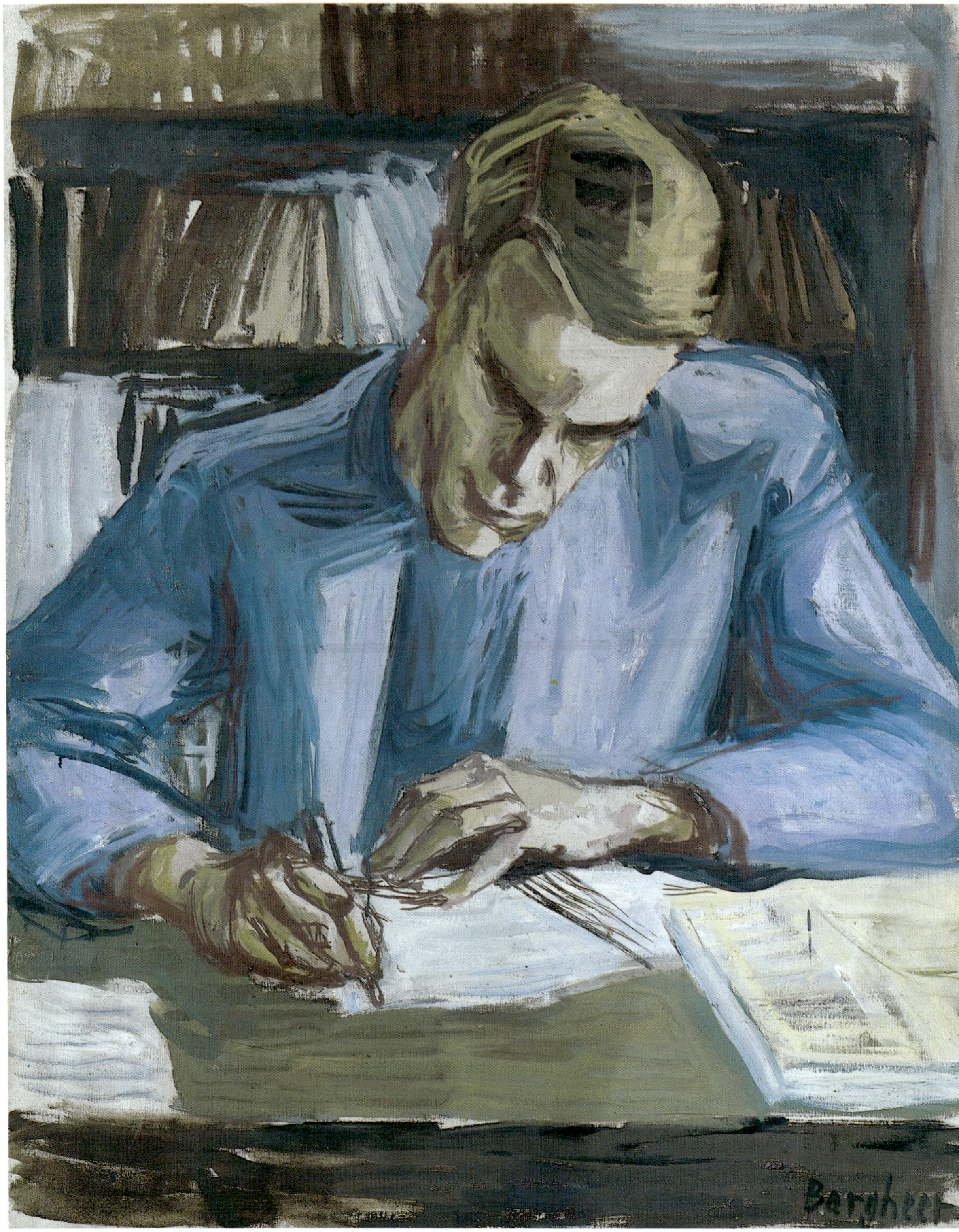

22. Bildnis Ludwig H. Heydenreich bei der Arbeit, 1934, Öl auf Leinwand,
94 × 74 cm, Hamburger Kunsthalle

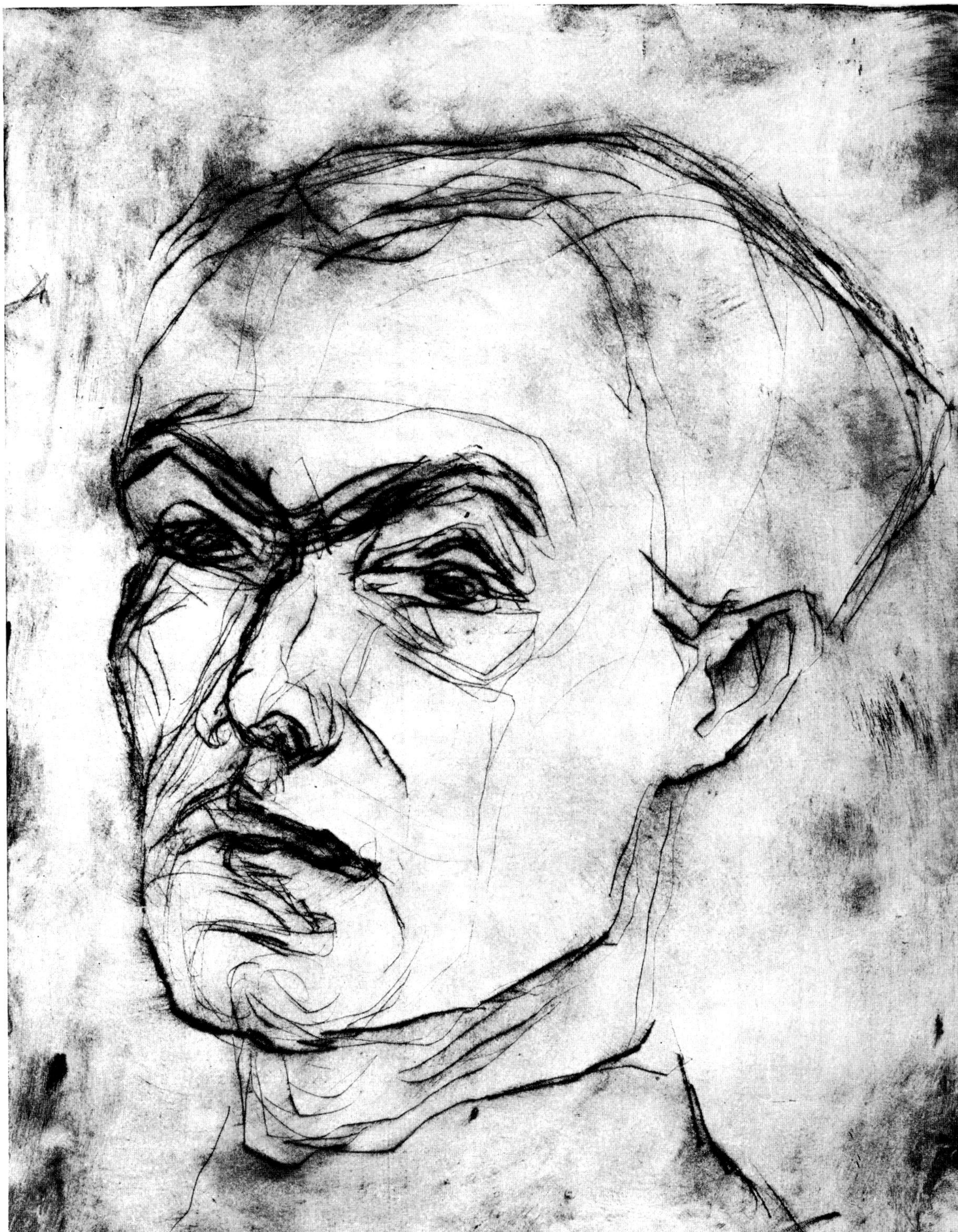

23. Selbstbildnis, 1934, Radierung,
36 × 27,8 auf 47,5 × 32,5 cm, Nachlaß

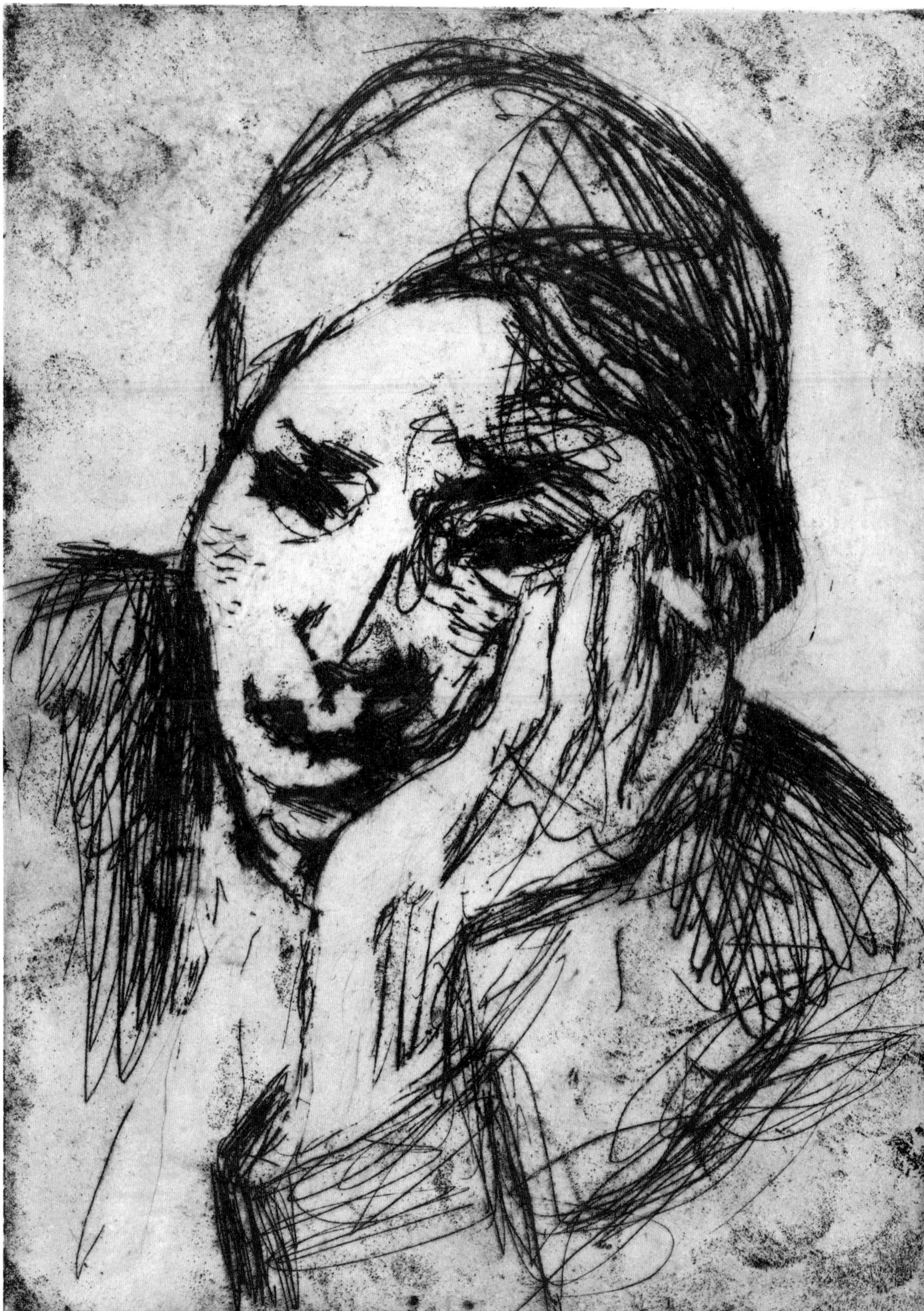

24. Valeska Gert, Paris 1933, Radierung,
42,2 × 29,7 auf 54,3 × 37,5 cm, Nachlaß

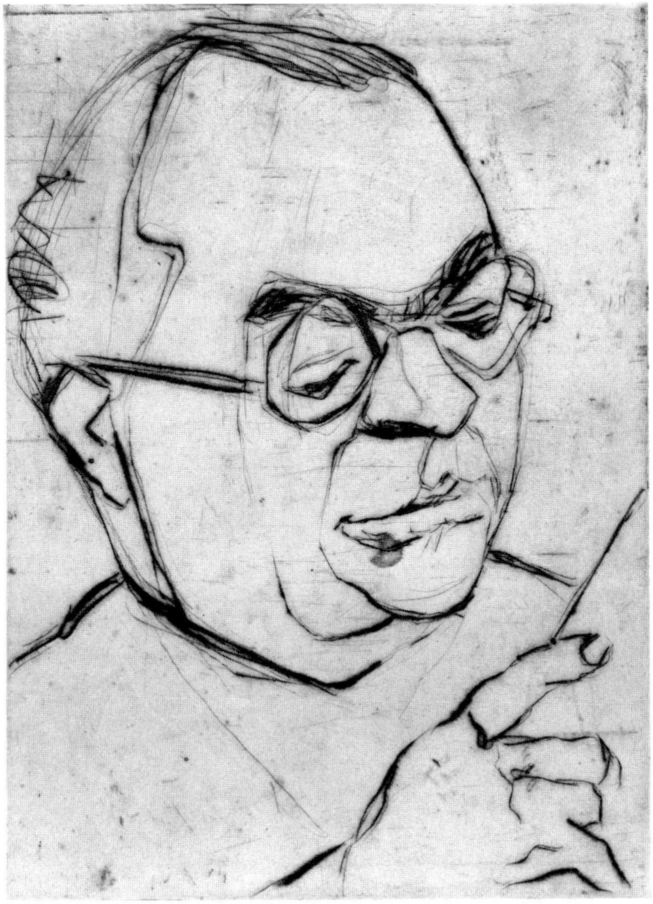

25. Erwin Panofsky, 1934, Radierung,
37,7 × 27 auf 54,2 × 35,4 cm, Nachlaß

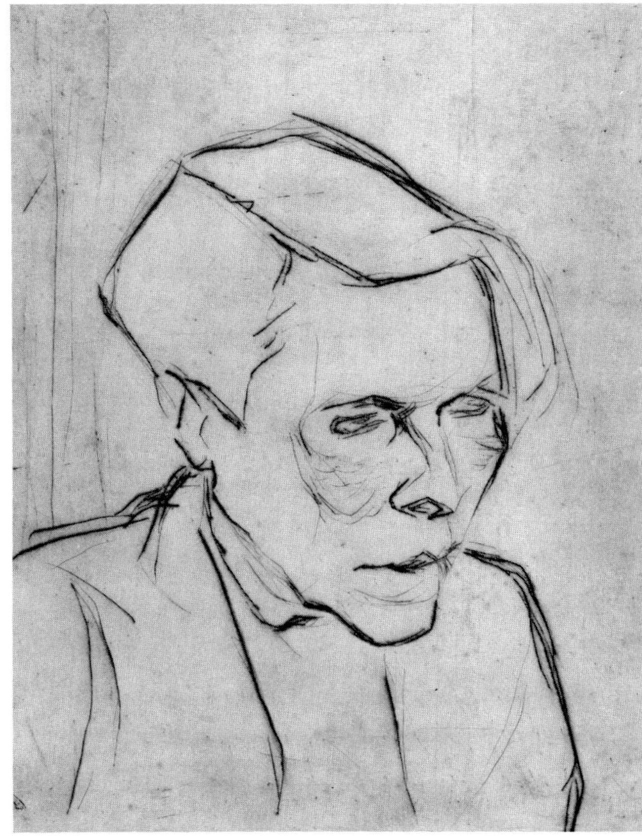

26. Dora Panofsky, 1934, Radierung,
42 × 32,7 auf 54 × 37,9 cm, Nachlaß

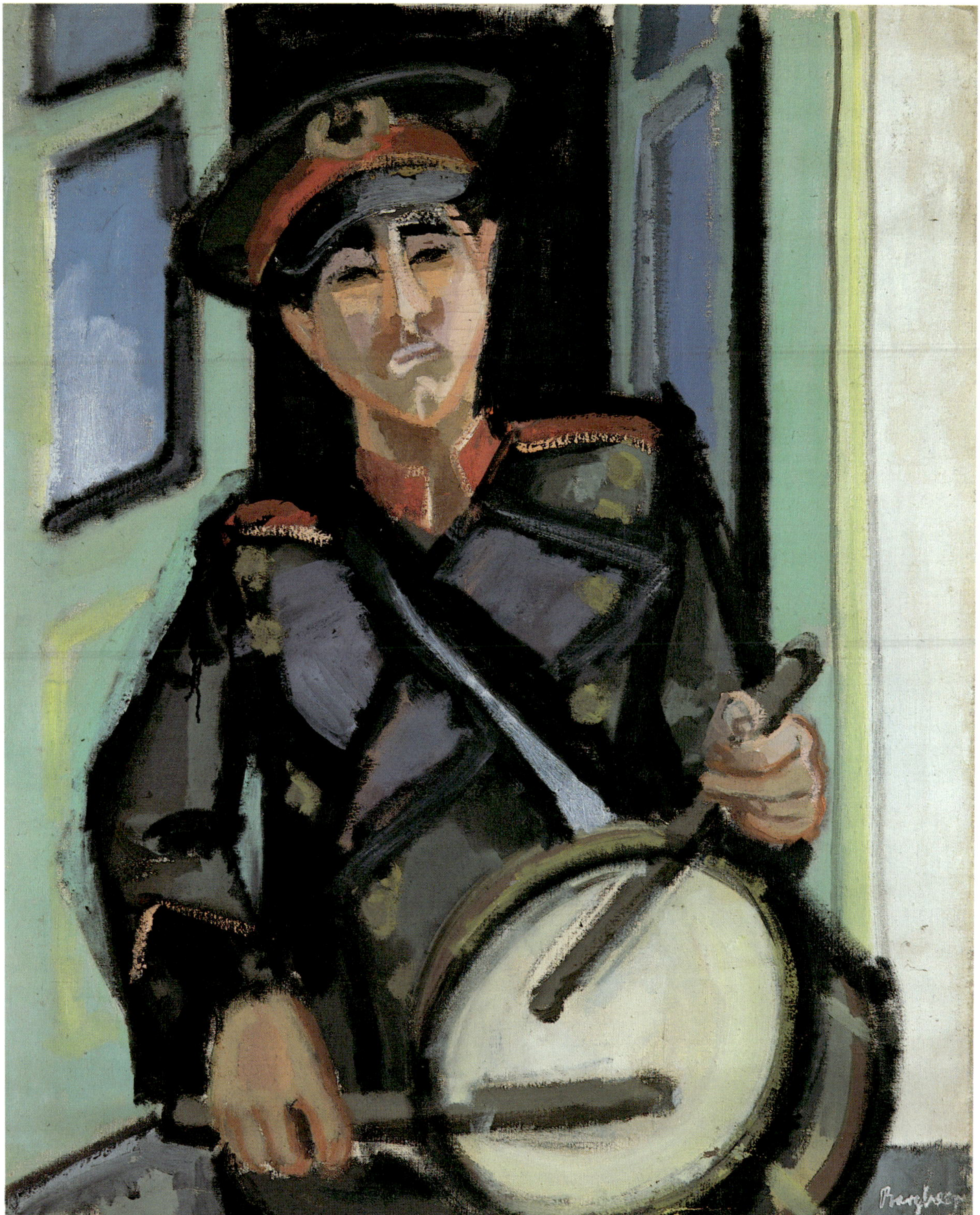

27. Musikant, 1938, Öl auf Leinwand,
100 × 80 cm, Nachlaß

Heinrich Steiner: **Deutscher Maler während des Zweiten Weltkriegs in Florenz**

Heinrich Steiner kam 1938 als junger Maler in die Pension Bandini in Florenz, in der sich ein Kreis deutscher Künstler zusammenfand, die dem physischen und geistigen Terror Nazi-Deutschlands zu entkommen suchten. Seine Schilderung vermittelt einen Eindruck von der Atmosphäre in der Pension und von der Einstellung dieser Künstler. Für Bargheers Entwicklung blieb die enge Freundschaft mit Rudolf Levy, dem Matisse-Schüler und Nestor des Kreises, nicht ohne Einfluß, wie sich in seinen Arbeiten der frühen Nachkriegsjahre zeigen sollte. Der folgende Bericht basiert auf dem Mitschnitt eines Vortrages, den Heinrich Steiner 1974 vor der Deutsch-Italienischen Vereinigung in Frankfurt gehalten hat.

Mehr oder weniger war es Zufall, daß ich 1938 nach Florenz auswanderte. Irgend jemand gab mir die Adresse: „An der Piazza Santo Spirito Nummer 9 findest Du das Deutsche Kunsthistorische Institut. Man wird Dir dort einige Hinweise geben.“ Ich fand dieses Haus, einen Renaissance-Palast, Eckhaus an einem idyllischen Platz jenseits des Arno. Ich schellte, und ein gutaussehender, blonder junger Mann öffnete mir die Tür. Er war freundlich, aber sehr nervös. „Entschuldigen Sie, es spricht gerade Hitler. Eine Riesenansprache, es handelt es sich um die Tschechei, und man muß ihn ja jetzt behandeln wie ein verwundetes Tier.“ Ich schaute diesen Herrn etwas erstaunt an, denn es war unter Deutschen damals nicht mehr so ganz der Stil, in dieser gewagten Weise vom „Führer“ zu sprechen. Ich sagte „So, so – dann möchte ich nicht stören“. „Nein“, sagte er, „warten Sie, kommen Sie an einem anderen Tage, aber ich will Sie mal ganz schnell nach oben führen in die Pension Bandini. Deutsche Künstler steigen dort oft ab.“ Er führte mich ein paar Treppen hinauf in eine Pension, wo zwei Damen mir ihre Räume zeigten, außerdem eine herrliche Terrasse längs des gesamten Palastes. So lernte ich die Pension Bandini kennen, und der junge Mann war der spätere Professor Haftmann, damals Assistent im Institut [...]
Wir waren noch nicht lange in die Pension eingezogen, da wurde uns ein deutscher Maler als Pensionsgast angekündigt, er sei krank, könne nicht gehen, er führe in einem Rollstuhl. Es war Kurt Craemer. Derselbe Craemer, den ich erst vor anderthalb Jahren vergnügt und gesund gesehen hatte. Er war querschnittgelähmt, nach einem Bad im Meer. An seiner Seite stand ein stiller, älterer Herr, der fast wie ein

Arzt aussah und sich um ihn kümmerte: Karli Sohn-Rethel, ein Freund Craemers.
Craemer nahm zwei Zimmer in der Pension. Er hatte seine Mutter bei sich. Ein junger Mann trug ihn die Treppe rauf und runter. Karli wohnte in einem anderen Zimmer in der Pension, wir sahen uns öfter am Nachmittag. Bald sollte noch ein dritter Freund aus Rom kommen, Rudolf Levy. Mir sagte der Name nichts. Ich kannte die Berliner Maler bis auf Hofer sehr wenig. Kurt und Karli Sohn sprachen von Levy mit Hochachtung. „Wenn Rudolf kommt, müssen wir ihm ein großes Zimmer reservieren, wenn Rudolf kommt, müssen wir dieses und jenes machen." Das machte mich neugierig. Eines Tages kam dieser Rudolf. Er sah eigentlich nicht wie ein Maler aus, eher wie ein Rechtsanwalt oder wie ein Wissenschaftler. Er hatte ein strenges Gesicht, trug eine Brille, sprach über alles mögliche, nur nicht über Malerei. Ich kam oft nach beendetem Tagewerk gegen sechs, halb sieben in das schöne Zimmer, das Kurt sich als Wohnzimmer und Atelier eingerichtet hatte, die Mutter reichte Tee, Karli Sohn saß meist still in einer Ecke, und dann kam Rudolf Levy. Wir sprachen natürlich über Politik, über mancherlei andere Sachen, ich hatte selten das Gefühl, ich sei im Kreise von Malern.
Das änderte sich, als ein vierter Maler auftauchte: Eduard Bargheer. Der war nun ganz anders, für mich auch wieder ganz neu. Ein lauter, äußerst temperamentvoller, fast möchte ich sagen exaltierter Mensch. Ein unermüdlicher Arbeiter. So etwas von arbeiten hatte ich noch nie vorher gesehen. Er hatte auch ein Zimmer in der Pension gemietet. Wenn man herein wollte, rief er: „Einen Augenblick, warten Sie einen Augenblick, ich muß erst die Blätter vom Boden wegnehmen!" Denn der ganze Boden war voll Aquarelle. Er malte ein Motiv am selben Tag in zehn bis zwölf Versionen. Ungeheuer von ihm! Kaum war er da, so wurde auch viel von Malerei gesprochen. Er gab gewissermaßen den Anlaß dazu.
Unser Kreis zog auch andere Gestalten an. Der junge Schriftsteller Herbert Schlüter, ein Freund Rudolfs, mit dem er bereits einen Teil seiner Emigration auf Mallorca verbracht hatte. Ein feiner, zurückhaltender Mann, von dem Rudolf später ein herrliches Porträt gemalt hat. Schlüter hatte schon sehr früh einen großen Bucherfolg gehabt und war dann durch die Nazizeit in den Schatten geraten. Heute ist er ein bekannter Übersetzer italienischer Literatur. Auch Max Krell kam,

der Berliner Literat. Er hatte die Propyläen Weltgeschichte ins Leben gerufen, war lange Zeit Lektor am Ullstein Verlag gewesen. Max Krell hatte ein Hüftleiden, er hinkte stark und ging am Stock. Pünktlich um sechs Uhr war er jeden Tag zum Tee da [...]
Eines Tages bat mich Rudolf zu sich: „Da ist ein Sammler, der wird wahrscheinlich ein Bild von mir kaufen. Ein reicher junger Mann. Sie müssen mir helfen, meine Bilder aus einer großen Rolle herauszunehmen und neu aufzuspannen." Bei dieser Gelegenheit sah ich zum ersten Mal Bilder von ihm. Ich mußte mich erst in sie hineinsehen, ich war dieser Ästhetik noch gar nicht gewachsen. Der reiche junge Mann, dem ich das Bild später bringen sollte, war Heinz Battke.
Erst nach Monaten fing ich an, mit dem einen oder anderen über meine künstlerischen Probleme zu sprechen. Kurt Craemer war außerordentlich vorsichtig in seiner Kritik, er war viel reifer als ich, obgleich er etwas jünger war. Karli, ebenso feinfühlig und sehr zurückhaltend, ließ mich spüren, daß ich von ihnen als Maler bisher in keiner Weise akzeptiert wurde. Das ist vielleicht ein wenig hart gesagt. Akzeptiert hatten sie mich vielleicht als Mensch, sicher noch nicht als Maler. Viel rauher und geradeaus war da Bargheer. Der konnte einem schon einmal ganz deftig sagen: „Also Steiner, wissen Sie, dieses renaissancehafte Ästhetisieren von der Akademie, das müssen Sie unbedingt ablegen!" Er war der Selbstsicherste von allen.
Eines Tages bat ich Rudolf um seinen Rat. Ich hatte ein großes Bild – einen Riesenschinken mit zwei weiblichen Figuren – gemalt. „Wenn es sein muß, nehmen Sie den Pinsel und zeigen Sie es mir, vielleicht verstehe ich Sie dann besser als mit Worten." Das gab einen großen Vormittag. Rudolf kam herauf, und gleich hinter ihm rollte Craemer. Er wollte dabeisein, auch Karli kam hinzu. Auf der Staffelei stand das Bild, an dem ich viele Monate in der Akademie gearbeitet hatte, in das ich mein ganzes Können hineingelegt hatte. „Wenn Sie erlauben", sagte Rudolf und nahm den Pinsel zur Hand. In kurzer Zeit war von all den schönen Details, die ich so mühevoll gemalt hatte, nichts mehr übrig. Ein paar Linien, ein paar Diagonalen, drei, vier große Farbflächen. Für mich war es wie ein Selbstmord. Ich konnte wochenlang nicht mehr arbeiten. Die anderen aber – das war das Niederschmetternde – waren begeistert. Ich hatte anschließend viele klärende Gespräche mit Craemer, mit Karli, mit Levy und Bargheer. Immer wieder, auch wenn wir gar nicht von Malerei sprachen, landeten wir bei

metaphorisch-ästhetischen Prinzipien. So saßen wir einmal beim Kartenspiel, als Rudolf sagte: „Schauen Sie, Steiner, wie diese Karten jetzt auf dem grünen Tisch liegen, sehen Sie sich das genau an." Er versuchte immer wieder, aus dem direkten Lebensraum heraus auf gestalterische Probleme hinzuweisen. Ich erinnere mich gut an einen Spätnachmittag, als ich Rudolf Levy in seinem Zimmer aufsuchte. Seine begonnene Arbeit hatte er mit dem Gesicht zur Wand am Boden aufgestellt. Er wusch gerade die Pinsel aus mit Seife und Wasser, wie er es jeden Abend zu tun pflegte. Auf seinem Tisch stand eine Vase mit Osterglocken. „Sehen Sie, Steiner, das da müssen Sie erreichen!" sagte er. Und deutete auf die Blumen hin. Ich wußte damals bereits, daß er damit nicht den flachen Abklatsch der Natur meinte, sondern daß er sagen wollte: Du mußt dem Wesen der Dinge auf die Spur kommen. So hatte sich ohne Absicht, wie von selbst, eine Schule der Malerei herausgebildet. Eine ideale Akademie der Künste in den schönen Räumen der Pension Bandini. Doch es bildeten sich auch literarische Gruppen. Mein Bruder führte junge Literaten zusammen. Schriftsteller lasen aus ihren Werken vor. Einmal lasen wir den Faust mit verteilten Rollen [...]

Selten habe ich Menschen so erzählen erlebt wie in diesem Kreise. Abende, wo einer nach dem anderen irgendeine wahre und zugleich unglaubliche Geschichte aus seinem Leben erzählte, sie waren vielleicht mit Abenden bei E.T.A. Hoffmann zu vergleichen. So ist mir unvergeßlich eine meisterhafte Erzählung von Bargheer, der ja aus Finkenwerder stammt. Er schilderte einen Halligbauern, der im Kreise seiner Schafe laut sang, um sich die Angst vor der kommenden Überflutung vom Leibe zu singen. Das muß man erlebt haben. Es war eine druckreife Erzählung. Ich versuchte natürlich immer, von Levy, dem Matisse-Schüler, etwas über Matisse zu erfahren. Das waren dann so Werkstattgeschichten. Ich erinnere mich, daß Rudolf erzählte: „Das müßten Sie mal gesehen haben, Steiner, wenn Matisse morgens mit Watte und Terpentin ganze Teile aus seinem Bild wegwusch. Dann ist er mit dem Pinsel dran und hat nochmals ganz frisch ganz neu hineingezeichnet."

Wir gingen damals oft in das Kaffeehaus Giubbe Rosse, dort verkehrten Dichter wie Montale, auch der Maler Rosai saß dort. Eines Tages tauchte dort ein älterer Herr auf mit einem Hörgerät. Das war Leo Stein, der berühmte Leo Stein, der erste Sammler von Picasso und

Matisse. Er hat seine riesige Sammlung mit der Zeit verkauft. Damals lebte er bescheiden in der Nähe von Florenz, in Settignano. Er kannte Rudolf noch aus den Pariser Jahren vor dem Ersten Weltkrieg. Er kannte auch Purrmann.

Ich habe noch nicht von Purrmann gesprochen. Er lebte zur selben Zeit in Florenz. Doch er hatte kaum Kontakt mit unserer Gruppe. Purrmann hatte als Leiter der Villa Romana eine halboffizielle Stellung. Er kannte selbstverständlich alle deutschen Maler, er hatte aber ein sehr einschneidendes Erlebnis gehabt. Man hatte ihn beim Besuch Hitlers in Florenz einige Tage ins Gefängnis gesperrt. Das muß ihm einen furchtbaren Schock gegeben haben. Selbstverständlich traf sich Purrmann mit Levy und Leo Stein, alten Kumpanen aus Paris. Aber immer an neutralen Orten. Er hat nie die Treppen zu unserer Pension Bandini erklommen.

Die Gemeinschaft in der Pension Bandini löste sich langsam auf. Bargheer, Schlüter, Battke wurden als Dolmetscher einberufen. Battke wurde allerdings bald wieder aus Gesundheitsgründen freigestellt. Craemer und Karli zogen nach Positano, Florenz wurde ihnen zu teuer. In dieser Zeit schlossen sich Battke, der immer großzügige Förderer aus reichem Hause, und Rudolf Levy enger zusammen.

Zum Weihnachtsfest 1942 kamen wir noch einmal – mit Ausnahme von Kurt und Karli – zusammen. Auch Bargheer war da und Herbert Schlüter. Eine Gans wurde organisiert, sie wurde gemeinsam gebraten und gegessen und – als alle satt waren – bemäkelt. Bargheer meinte, sie habe schon bei der Uraufführung von Lohengrin den Schwan gemimt.

Schlimme Zeiten begannen: die deutsche Besetzung und die ersten Judenverfolgungen in Florenz. Levy wurde auf freundlichste Weise von Battke in seiner leerstehenden Wohnung aufgenommen. Das war für ihn sehr schwer. Er war ein Mann der Gemeinschaft, und nun mußte er allein sein in einer nach Mottenpulver riechenden leeren Wohnung. Er rezitierte oft in der Nacht Homer oder Horaz. Das hörten die Nachbarn. Sie beschwerten sich. Man mußte also vorsichtiger sein. Und man mußte ihm das leider sagen. Er hat sich das zu Herzen genommen, aber seine Situation wurde dadurch nicht besser. Er fühlte sich sehr unglücklich.

Eines Tages saß ich mit ihm in einem Café (wir trafen uns täglich an einer gewissen Stelle der Stadt, wir mußten uns bereits verstecken wie die Mäuse), als ein ganzer Trupp von SS-Leuten hereinkam und sich an die Bar stellte. Rudolf redete laut weiter deutsch. Ich sagte: „Um Gottes Willen, Rudolf, sprechen Sie nicht deutsch!“ Da wurde er wütend: „Sie werden sich doch nicht wegen der paar Laffen ins Bockshorn jagen lassen!“ Mir wurde eiskalt, ich zahlte und ging schleunigst davon. Das war das letzte Mal, daß ich mit Rudolf zusammenkam. Er hatte sich angewöhnt, in der Pension Bandini mittags zum Essen zu erscheinen. Eine große Unvorsichtigkeit. Dort wartete am folgenden Tag die SS auf ihn. Er wurde verhaftet. Battke versuchte, durch Geldzuwendungen über den Gefängnisarzt eine Flucht zu ermöglichen. Leider erfolglos. Heute wissen wir, daß Levy nach Auschwitz abtransportiert wurde und wahrscheinlich den Transport nicht überstanden hat.

Dann kamen die Belagerung und die Einnahme von Florenz. Battke kam in ein Internierungslager, so auch Emy Roeder. Es war eine turbulente Zeit. Nach einem Jahr kehrte Battke zurück. Er war grauhaarig geworden. Die Lagerzeit war für ihn sehr hart gewesen. In dieser Zeit fing er an zu zeichnen.

Erst in diese Zeit gehört Max Peiffer Watenphul. Das heißt, man kannte ihn schon lange, man sprach oft von ihm. Erst in dieser Nachkriegszeit lernte ich ihn in Venedig kennen anläßlich meiner Ausstellung, die ich dort hatte. Seither besuchte er uns oft in Florenz. Er wohnte in meinem Atelier.

Im Jahre 1948 trafen sich in Florenz viele alte Freunde auf einer Party bei Niels Blumer. Craemer, Bargheer, Karli und noch viele andere aus dem weiteren Bekanntenkreis waren da. Ich sehe noch heute an der Wand ein Bild von Levy und eine herrliche Landschaft von Karli. Mitten in diesem Feste legte plötzlich jemand eine Schallplatte auf: das Klavierkonzert von Tschaikowski. Es entstand eine Stille, alle wußten warum. Es war das Lieblingskonzert von Rudolf Levy.

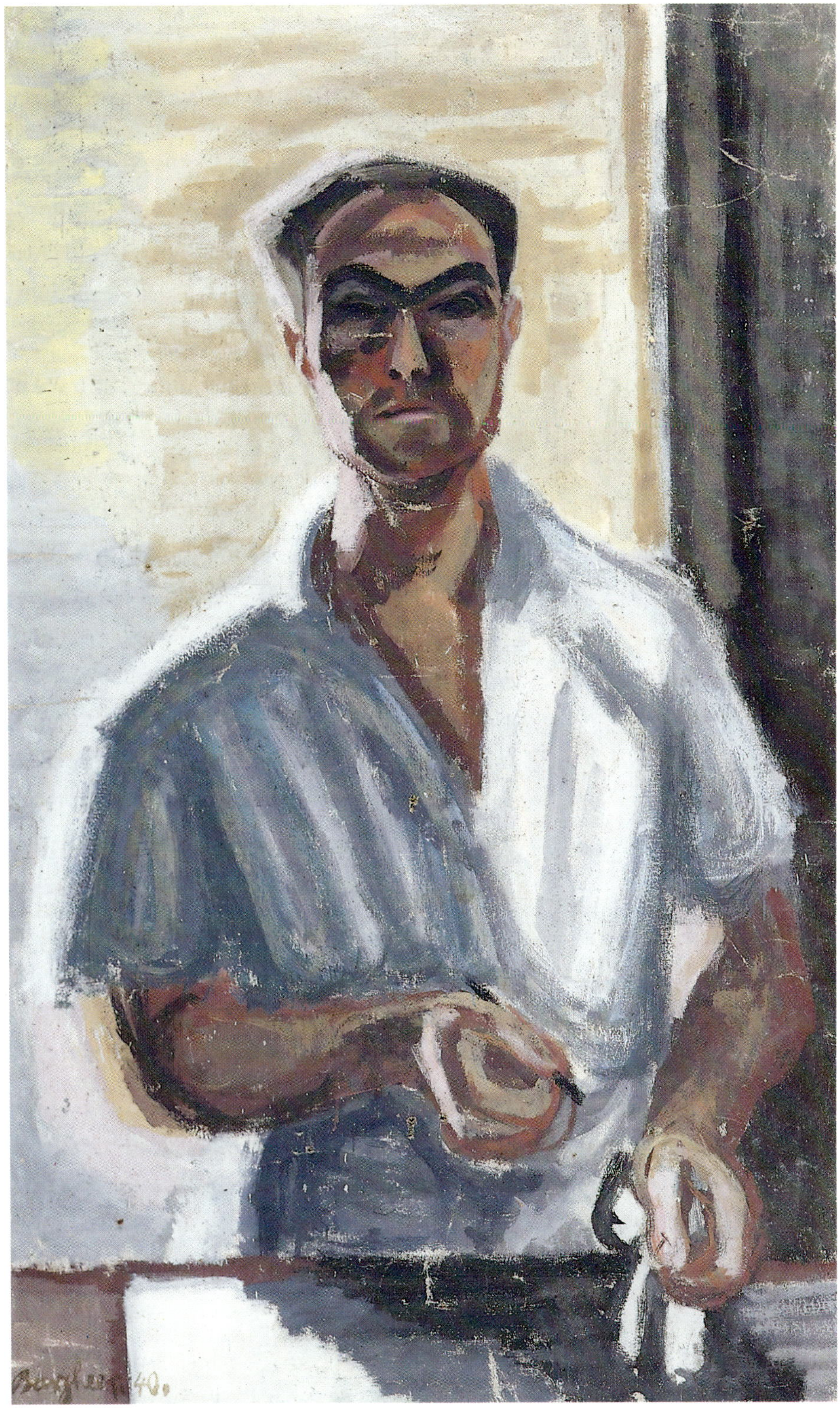

28. Selbstbildnis, 1940, Öl auf Leinwand,
65 × 80 cm, Ischia, Privatsammlung

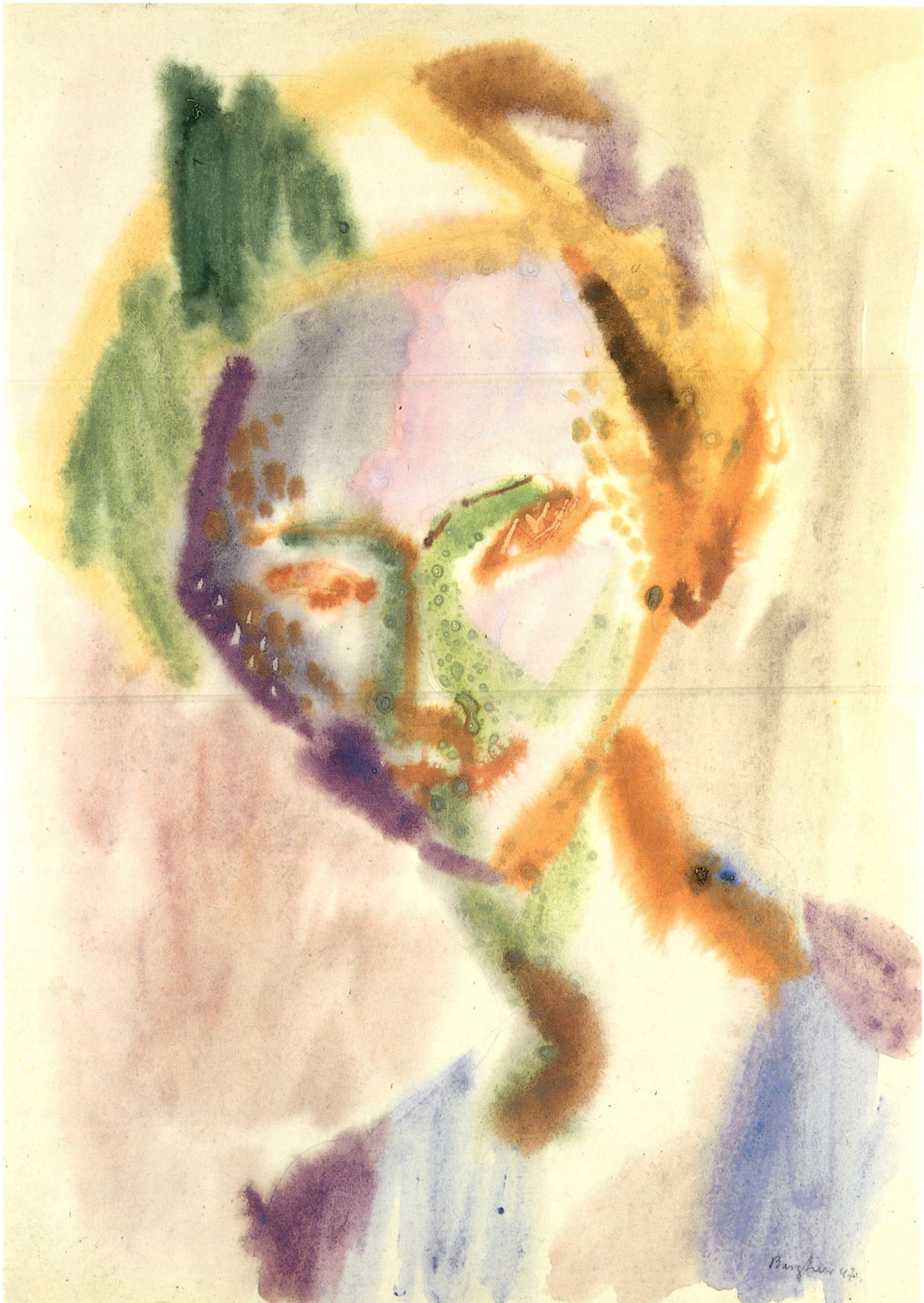

29. Bildnis Susanne Feigel, 1947, Aquarell,
50 × 35 cm, Nachlaß

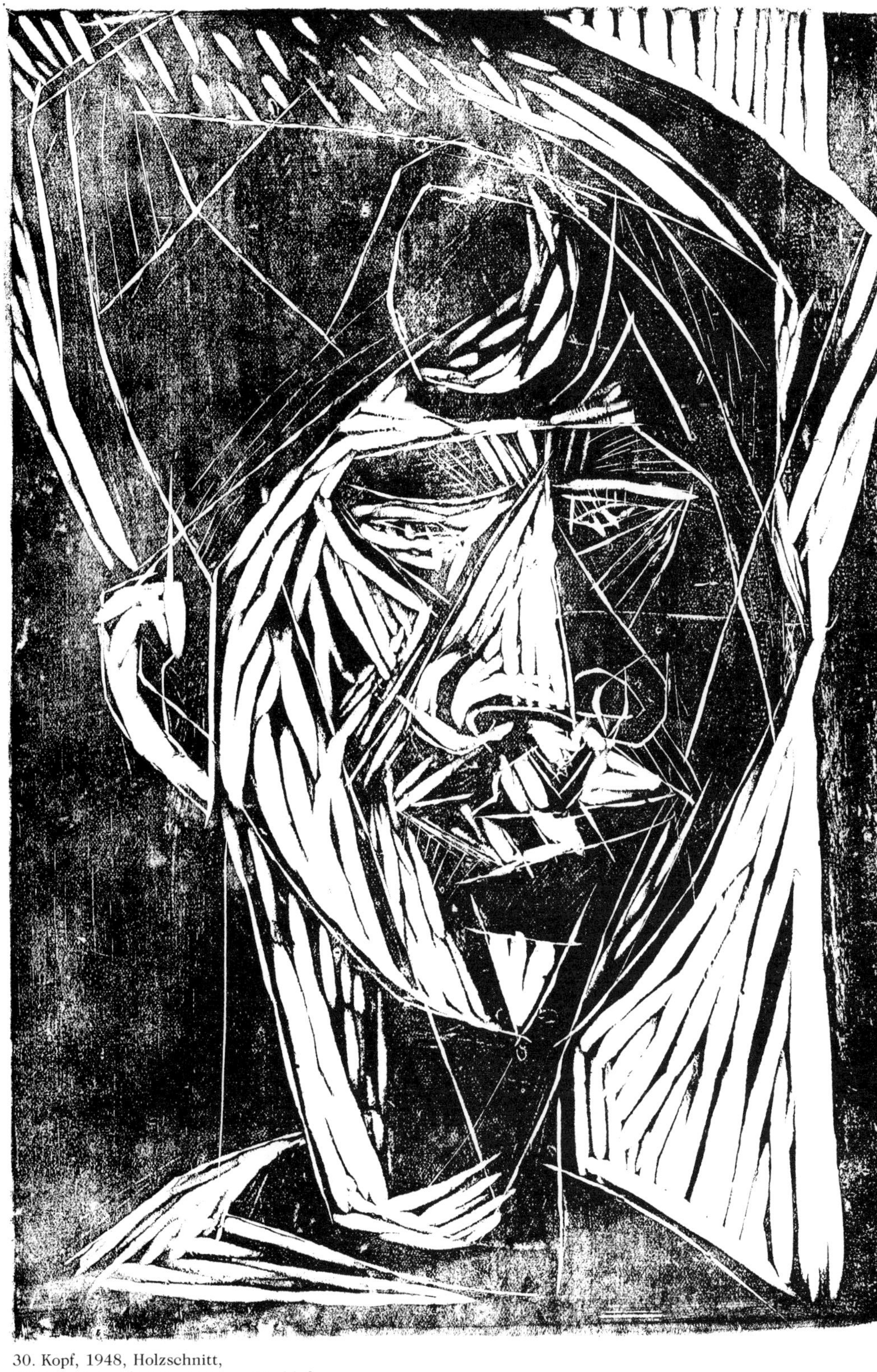

30. Kopf, 1948, Holzschnitt,
29,2 × 19,4 auf 34,8 × 25 cm, Nachlaß

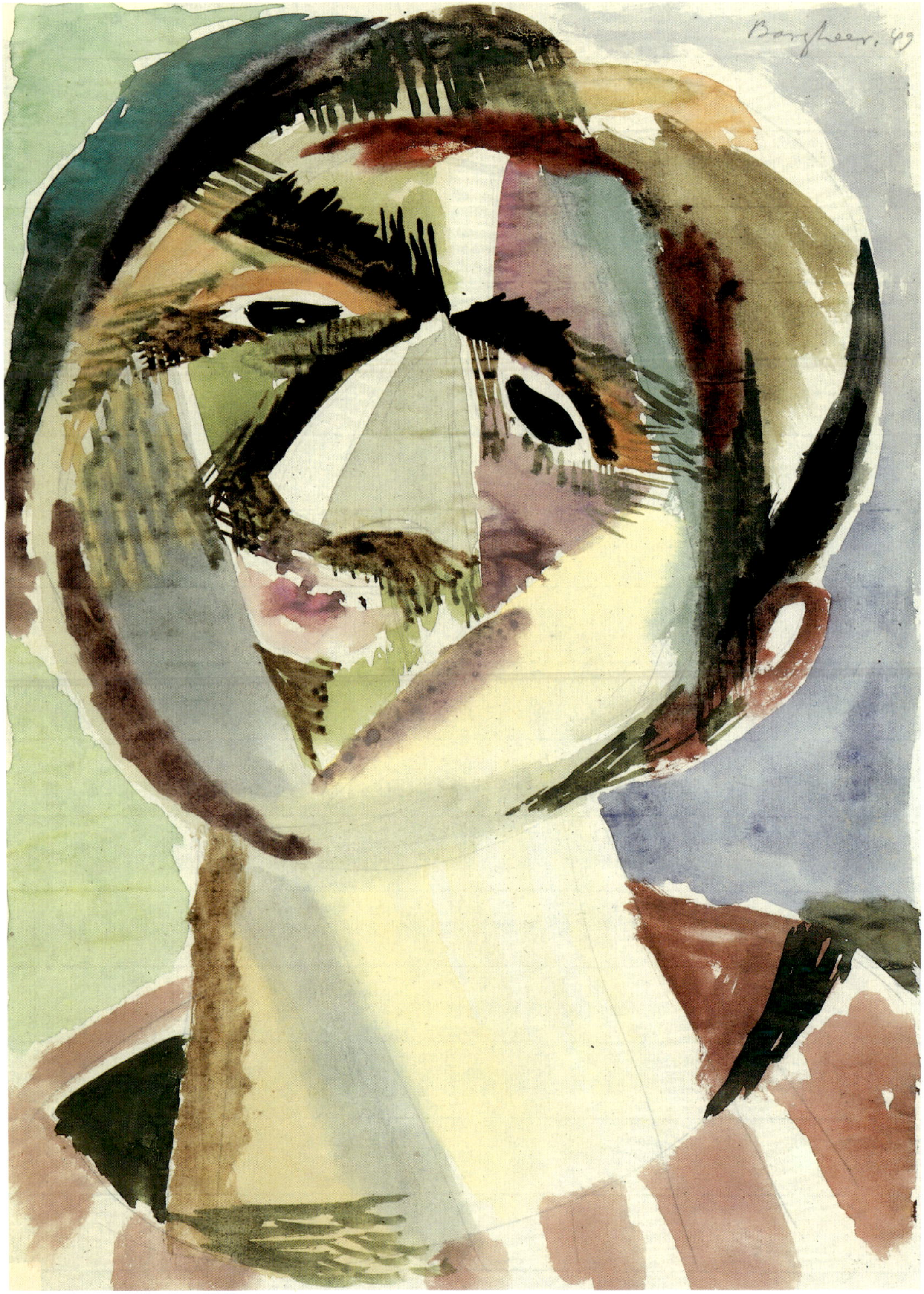

31. Pietro pescatore (Fischer), 1949, Aquarell,
43 × 30 cm, Nachlaß

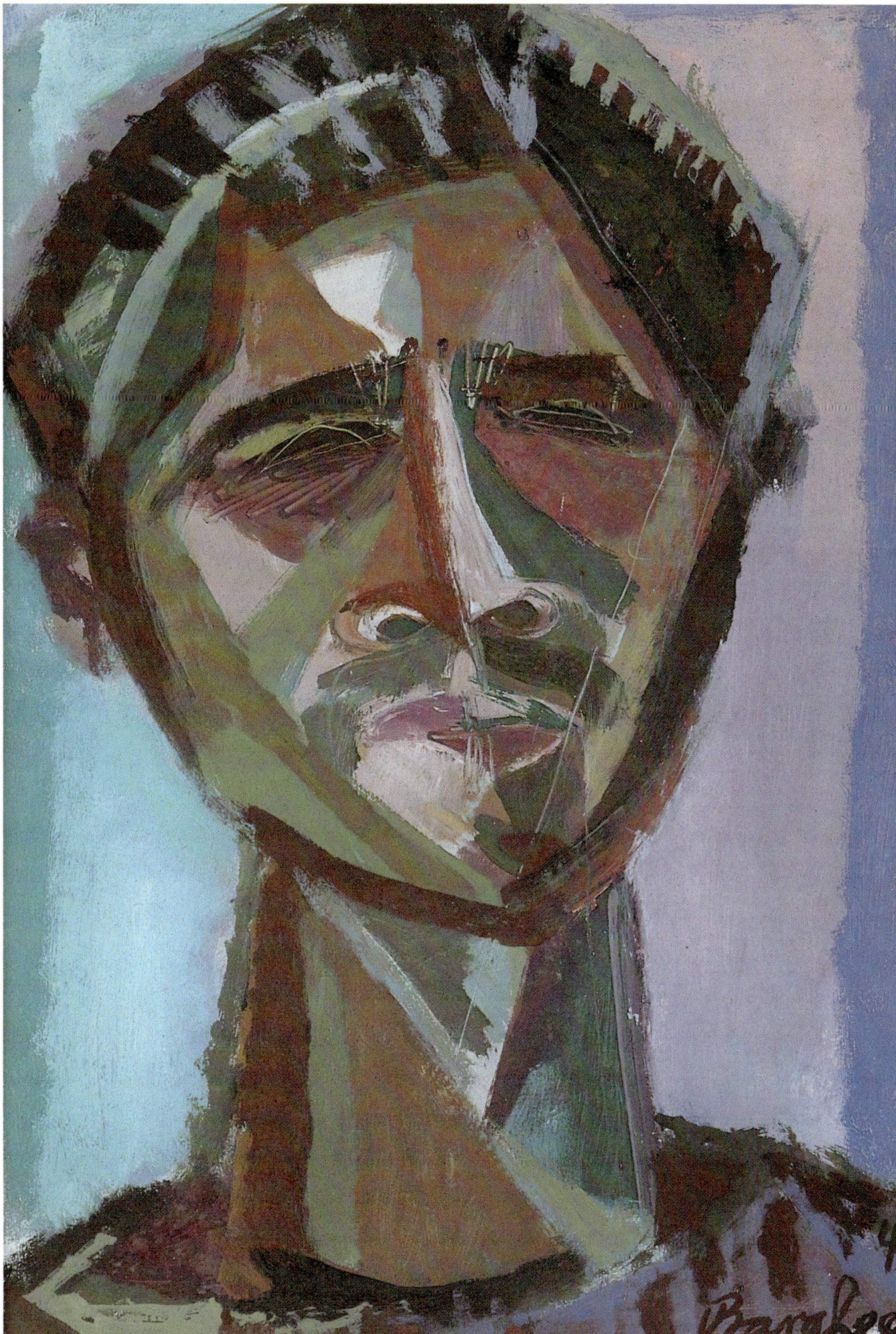

32. Neapolitaner, 1949, Öl auf Leinwand,
48 × 33 cm, Nachlaß

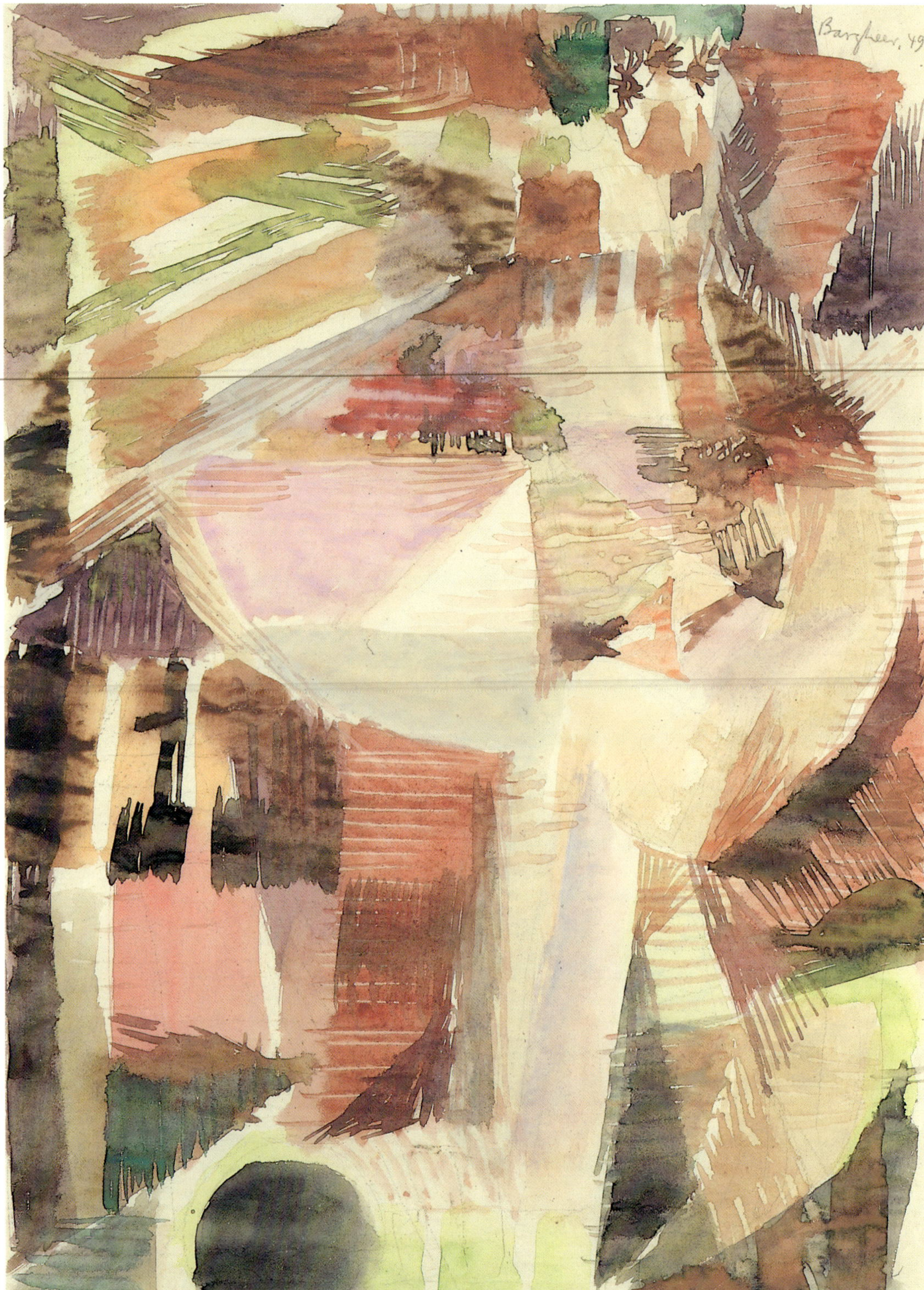

33. Ragazza festiva, (Festliches Mädchen), 1949, Aquarell,
43 × 30 cm, Nachlaß

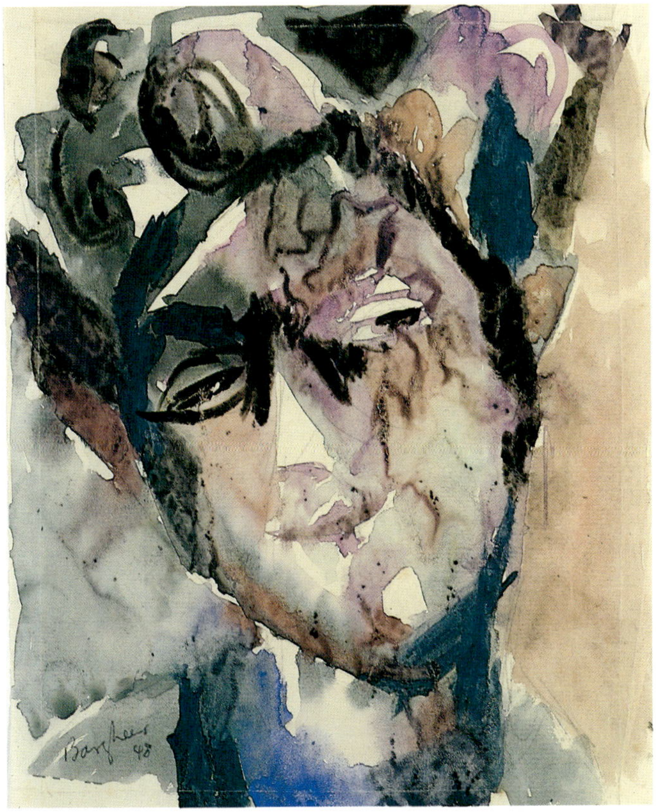

34. Kopf, 1948, Aquarell,
28 × 22 cm, Nachlaß

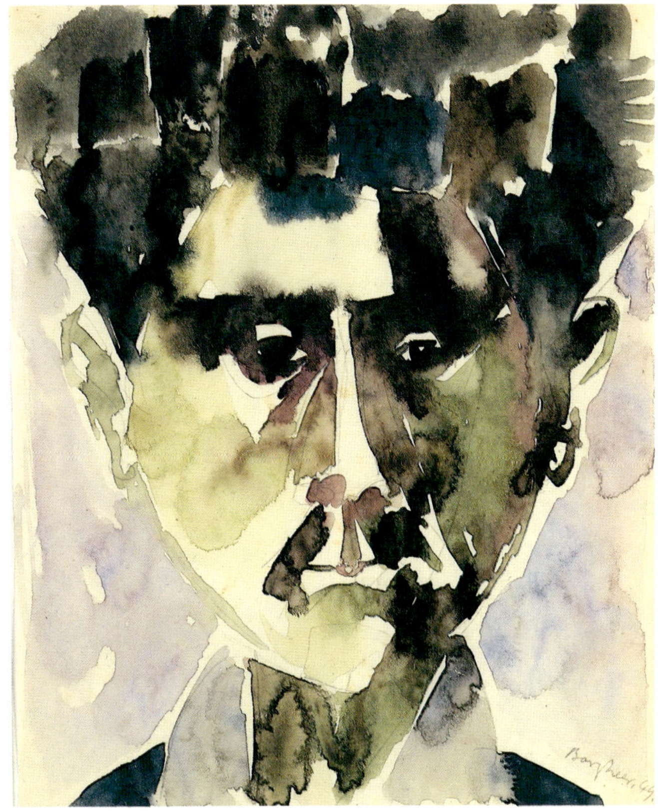

35. Forianer, 1949, Aquarell,
28 × 22 cm, Nachlaß

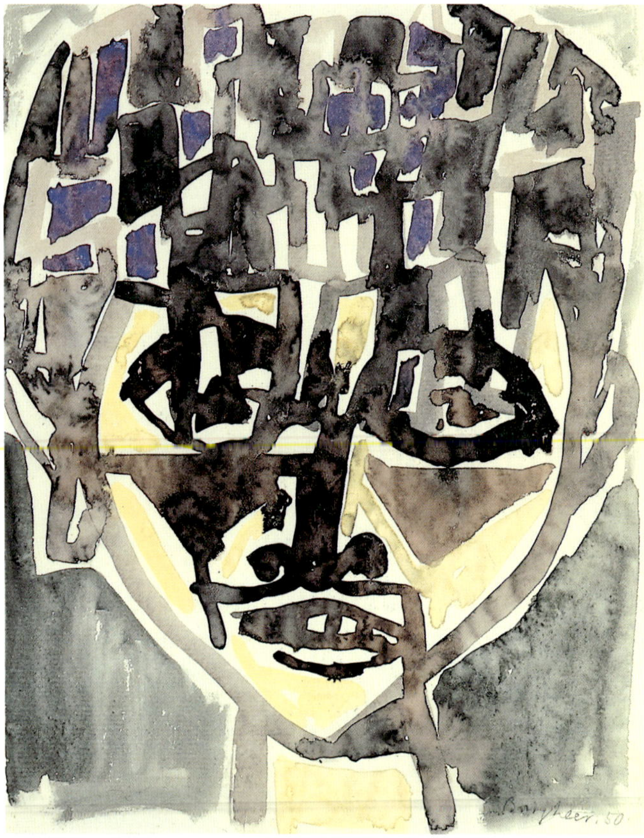

36. Kopf, 1950, Aquarell,
28 × 22 cm, Nachlaß

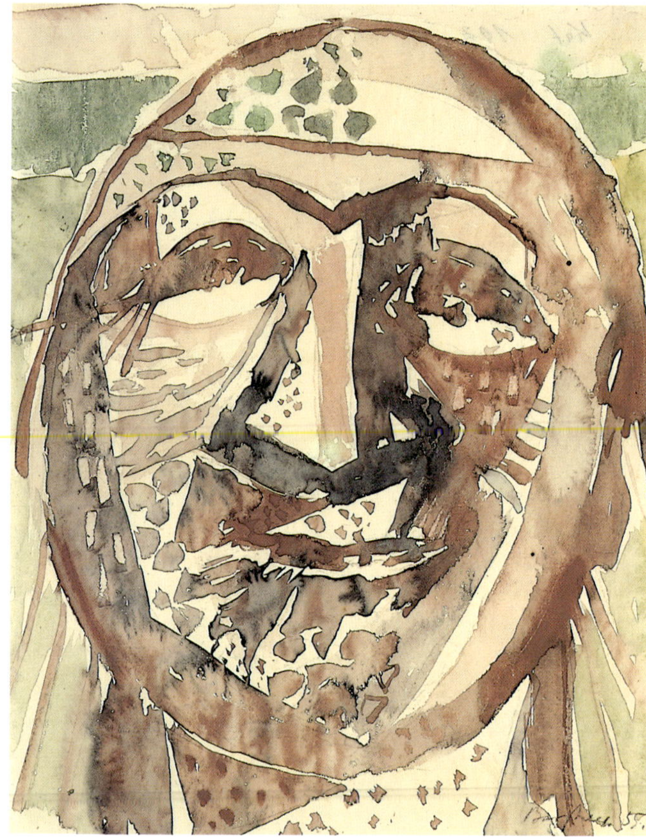

37. Alter Fischer, 1955, Aquarell,
28 × 22 cm, Nachlaß

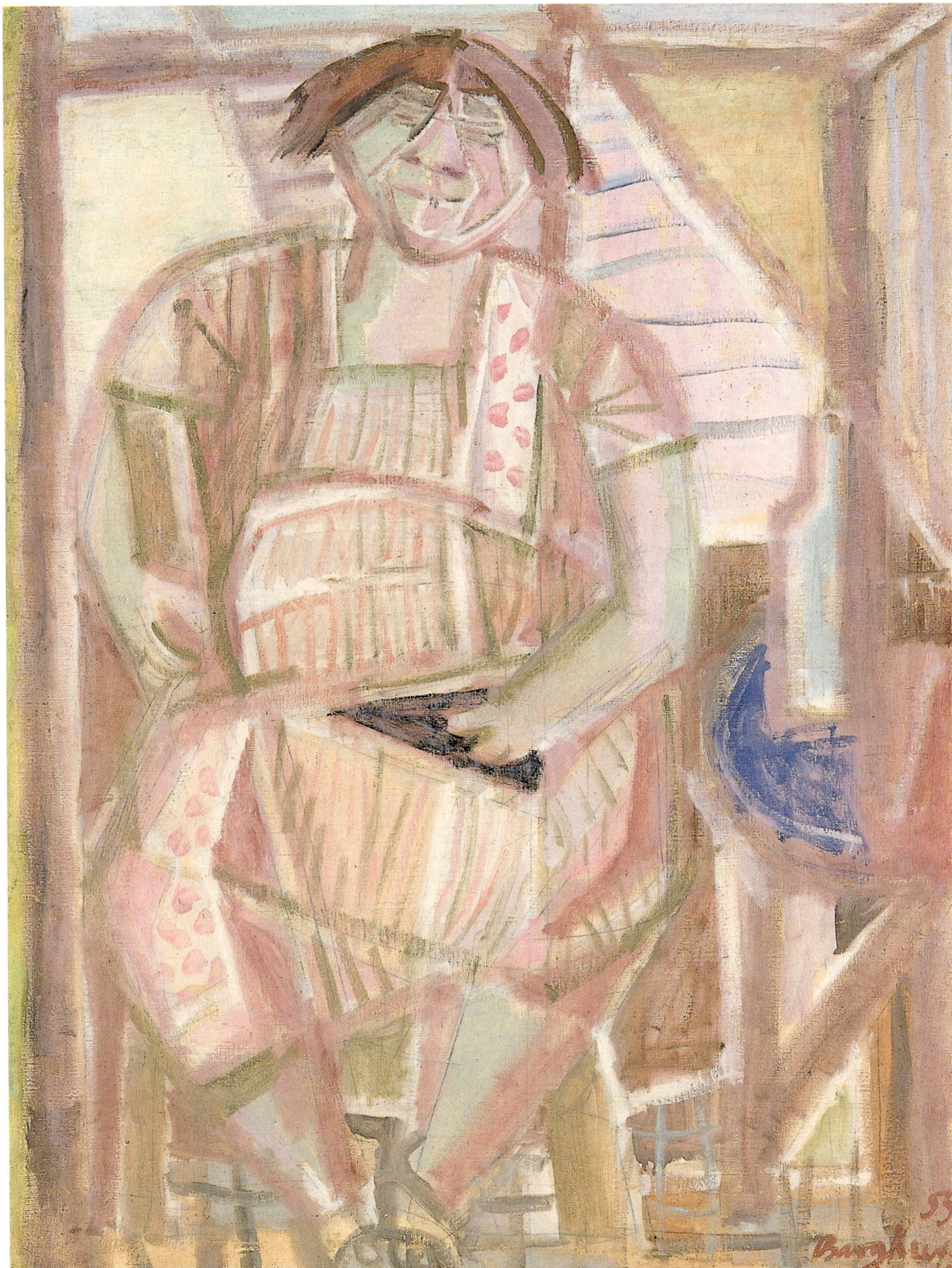

38. Maria del Café, 1953, Öl auf Leinwand,
132 × 98 cm, Nachlaß

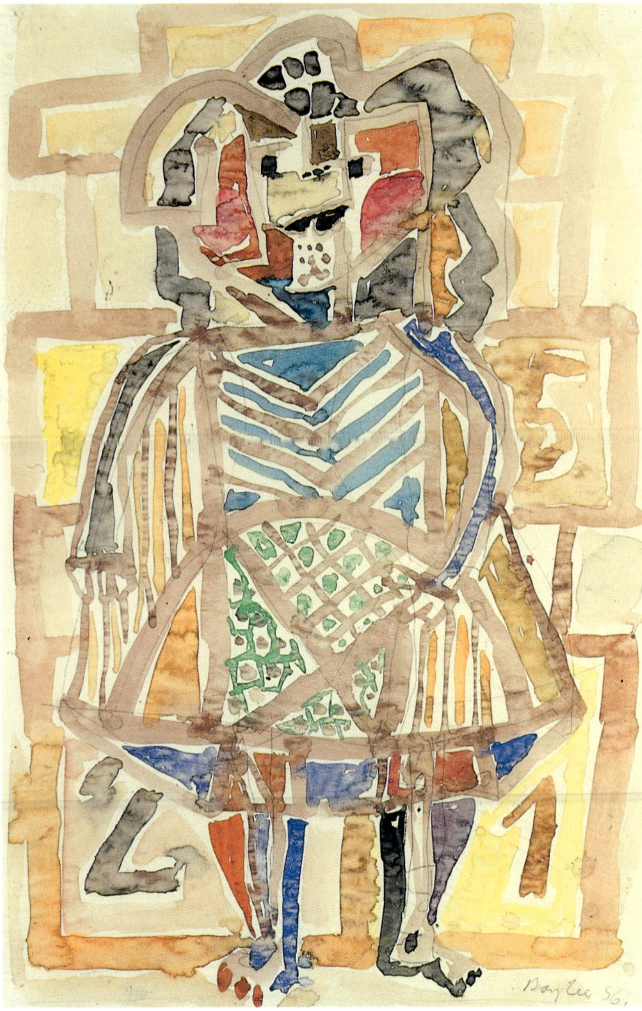

39. Mädchen, aus der Serie „Spielende Kinder", 1956, Aquarell, 46 × 30 cm, Nachlaß

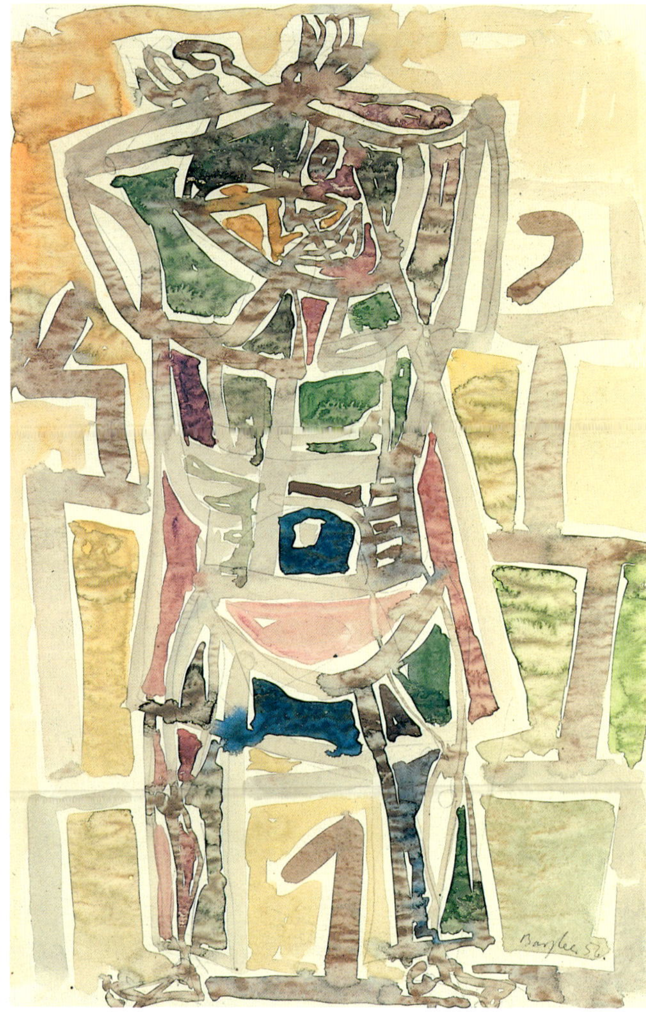

40. „Der Löwe", aus der Serie „Spielende Kinder", 1956, Aquarell, 46 × 30 cm, Nachlaß

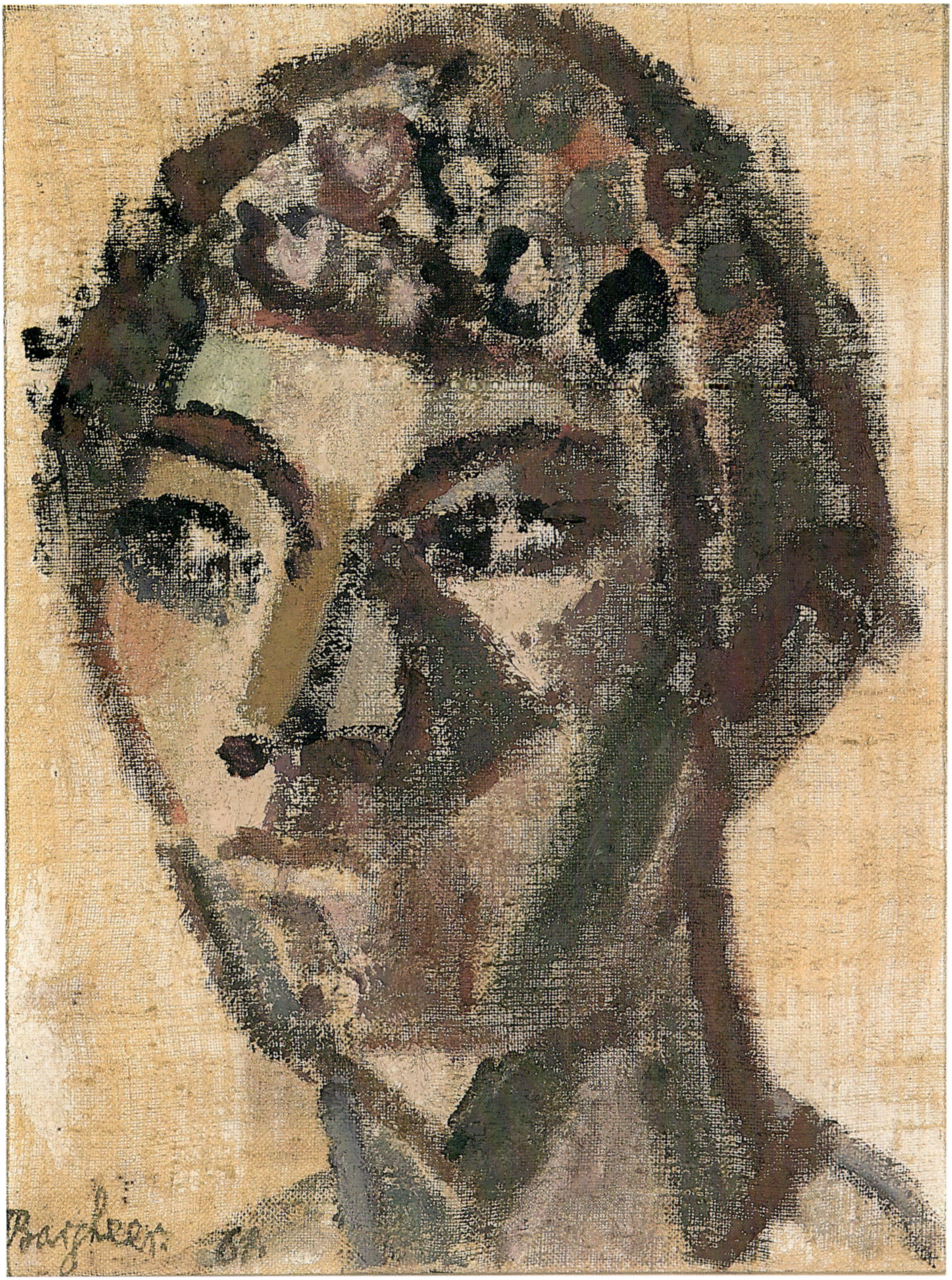

41. Porträt Aniello Verde, 1961, Öl auf Leinwand,
41 × 31 cm, Nachlaß

Volker Detlef Heydorn:
Wie Bargheer Gustaf Gründgens nach Hamburg holte

Volker Detlef Heydorn, Maler und Graphiker, daneben Verfasser verschiedener Bücher, u. a. eines vierbändigen Standardwerkes über Maler in Hamburg, lernte Bargheer schon in den dreißiger Jahren kennen. 1976 veröffentlichte er eine Bargheer-Monographie, der wir die nachfolgende Darstellung entnommen haben.

Schon als ich Eduard kennenlernte, haben mir seine Porträtradierungen Bewunderung abverlangt. Jetzt sah ich zum ersten Male neue Arbeiten dieser Art. Auch sie zeigten eine Stilwandlung. Die expressionistische Vehemenz des Kaltnadelrisses mit rhythmisch auf der Fläche verteilten Schwarz-Akzenten und Übersteigerungen der Naturform (besonders in Form und Stellung der Augen) hat sich abgeklärt. Die auch früher schon nicht starr konturierten Schädel- und Gesichtsformen haben sich zur Hintergrundfläche hin noch weiter geöffnet. Dadurch erscheint die Zeichnung stärker in die Fläche integriert. Höhepunkte dieser neuen Phase sind wohl die Bildnisradierungen „Erzbischof von Florenz“, Wystan Auden, Bernard Berenson und Gustaf Gründgens (Abb. 42–45). Als D. und ich letzteres Blatt ansahen, sagte Eduard plötzlich: „Wißt ihr eigentlich, daß ich es bin, durch den Gustaf Gründgens nach Hamburg kommt?“ Wir wußten es nicht, und er begann zu erzählen:
„Es war bei Hauswedell. Ich saß mit ihm und Schauspielern und Schauspielerinnen vom Schauspielhaus zusammen. Sie unterhielten sich, wer nun wohl die Nachfolge von Albert Lippert am Schauspielhaus antreten würde. Schließlich sagte ich: ‚Ich verstehe nicht, warum nennt denn niemand von Ihnen den Namen Gründgens?‘ – ‚Ach‘, hieß es, ‚der kommt doch nicht.‘ – ‚Doch, er kommt!‘ entgegnete ich, ‚er hat es mir neulich in Düsseldorf selber gesagt.‘ Hauswedell fuhr auf: ‚Das ist ja großartig, rufen Sie morgen gleich bei ihm an!‘ Am nächsten Morgen ging bei mir das Telefon. Senator Biermann-Ratjen war am Apparat: ‚Haben Sie schon mit Gründgens telefoniert?‘ – ‚Herr Doktor‘, entgegnete ich, ‚ich kann erst nach zehn anrufen, Gründgens schläft lange!‘ Und Biermann-Ratjen darauf: ‚Bestellen Sie Gründgens, ich würde überallhin kommen, wo er wolle, um mit ihm die Einzelheiten zu besprechen.‘ Nach zehn rief ich bei Gründgens an und erzählte ihm, worum es sich handelte, und Gründgens dann: ‚Mein Lieber! Das ist eine großartige Nachricht, ich habe mir immer gewünscht, nach Hamburg zu kommen.“

Späterer Nachsatz:
Die Wiedergabe von Bargheers Bericht über die Berufung von Gründgens mag manchem Leser etwas weitschweifig erscheinen. Das wird aber nur für solche Leser zutreffen, welche Bargheer niemals haben sprechen hören. Ist man durch Erfahrung in der Lage, den Klang und die Dynamik des Sprachflusses hinzuzudenken, so ist das Erlebnis gedruckter Bargheer-Worte ein durchaus anderes. Bargheer besitzt nämlich die Gabe, Gespräche wiederzugeben, als seien sie Teile eines Bühnenstückes, wobei er Autor, Regisseur und Darsteller in einer Person ist.
Auch der Bericht über die Berufung von Gründgens ist typisch hierfür. Er knüpft – zwar nicht im Inhalt, doch in der Form, an Vorbilder der attischen Tragödie an: Die eigentliche Handlung ist hinter die Bühne verlegt; über sie wird nur berichtet. Dabei stehen sich der „Chor" der Schauspieler und Schauspielerinnen und die beiden Akteure Hauswedell und Bargheer gegenüber. In gemessener Sprache wird das Thema „Nachfolge von Albert Lippert" angeschlagen. Nicht weniger gemessen kommt dann die Frage: „Warum nennt niemand den Namen Gründgens?" Nun belebt sich der Chor – und Bargheer verstand es meisterhaft, mit leisem Stakkato ein Durcheinander verschiedener Stimmen anzudeuten, die da ungläubig und resigniert ausrufen: „Er kommt doch nicht – er kommt doch nicht" Und dann die erste energische Antwort: „Doch, er kommt!", die sogleich von Hauswedell mit Überraschung und Freude apostrophiert wird. Danach wird die Handlung verzögert: Stimme aus dem Hintergrund (Telefonat von Biermann-Ratjen), weitere Verzögerung, um die Spannung zu steigern, durch die Mitteilung, daß erst nach zehn Uhr ein Anruf bei Gründgens möglich sei, und schließlich, auch klanglich als Höhepunkt, die Antwort von Gründgens.
Diese Analyse wird einem Künstler, dem vor lauter Wahrnehmungspsychologie jedes lebendige Gefühl abhanden gekommen ist, mit Sicherheit lächerlich erscheinen. Mag er für sich denken oder auch sagen: „Entweder spinnt hier Heydorn – oder – Bargheer!"
Das ändert aber nichts an der Tatsache, daß sich selbst in einem solchen von Bargheer am Rande der Kunst erstatteten Bericht eine merkwürdig zeitlose Identität vom Erlebnis der Gegenwart und der Antike andeutet. Nicht zufällig hat Bargheer einen Großteil seines Lebens Ischia verbracht, auf jener Insel, wo tatsächlich noch 3000 Jahre mediterraner Geschichte lebendig sind.

Wenn man dann Bilder von Bargheer analysiert, so wird man mit Genugtuung feststellen, daß in sehr vielen von ihnen der gleiche spannungssteigernde Ablauf nachzuweisen ist wie in Erzählungen des Künstlers. Die Identität von Werk und Person erscheint auch hier perfekt.

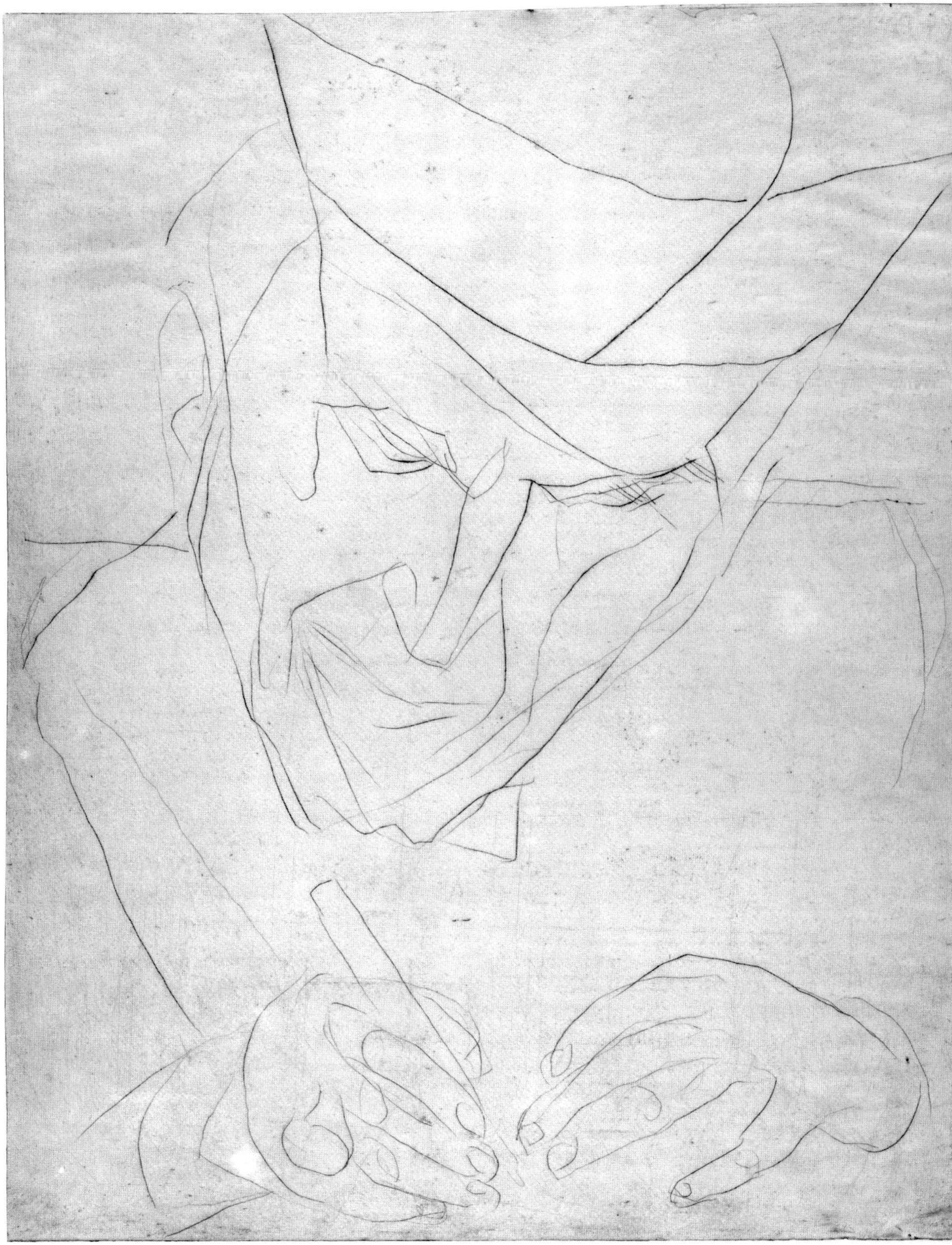

42. Kardinal Elia Dalla Costa, 1949, Radierung,
38 × 29,3 auf 48 × 33,5 cm, Nachlaß

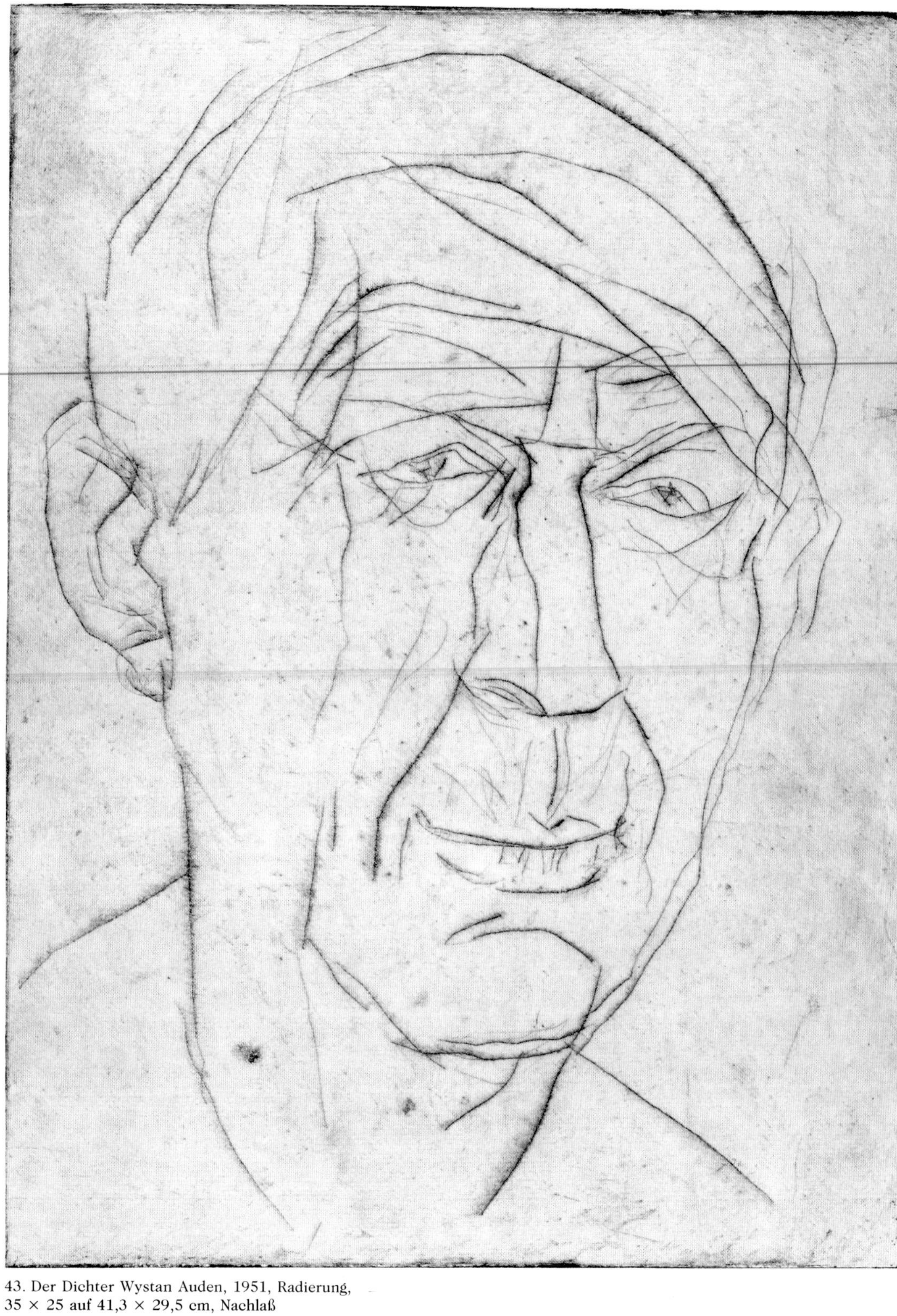

43. Der Dichter Wystan Auden, 1951, Radierung,
35 × 25 auf 41,3 × 29,5 cm, Nachlaß

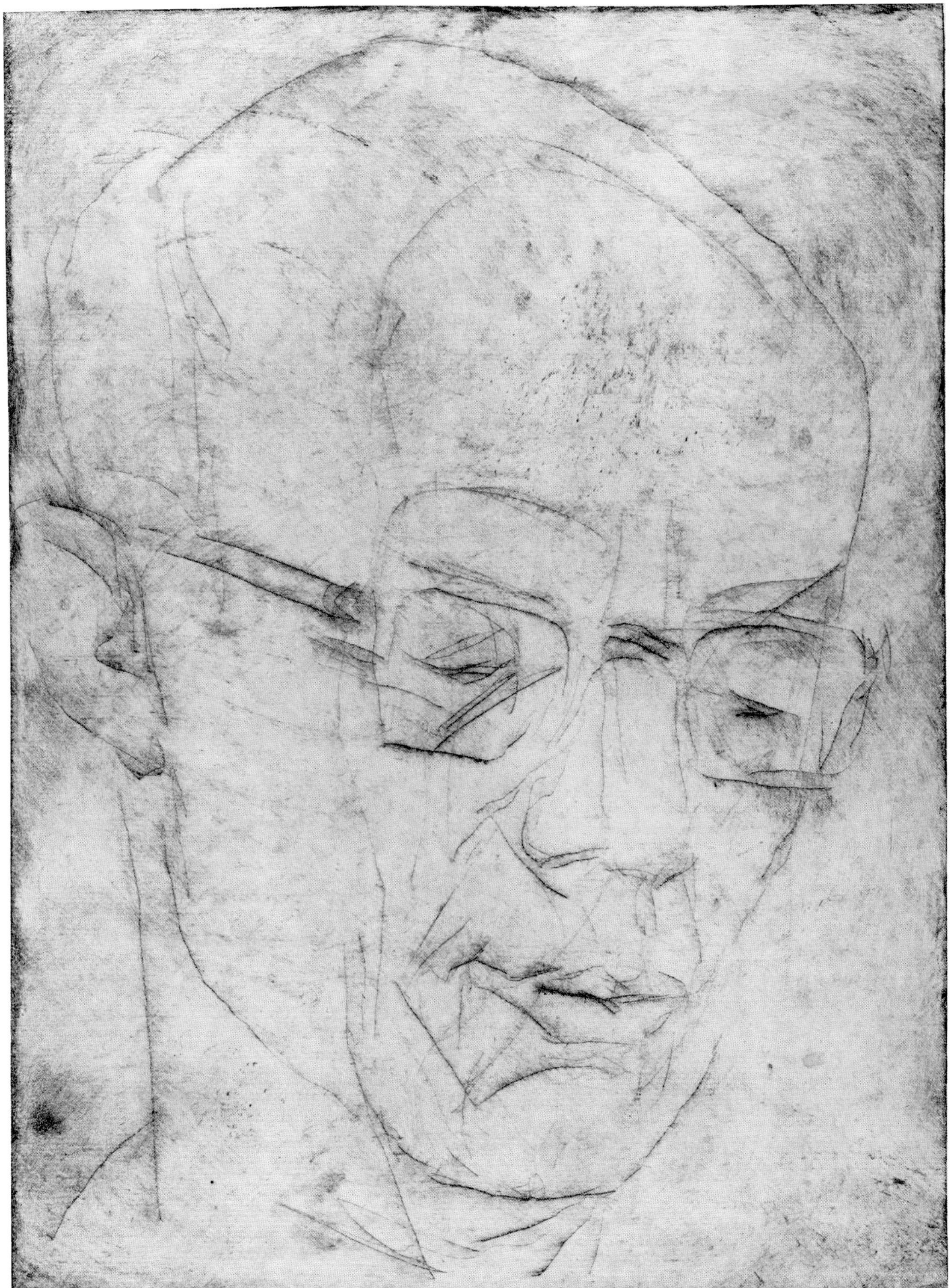

44. Gustaf Gründgens, 1953, Radierung,
34,7 × 24,7 auf 43,4 × 28,3 cm, Nachlaß

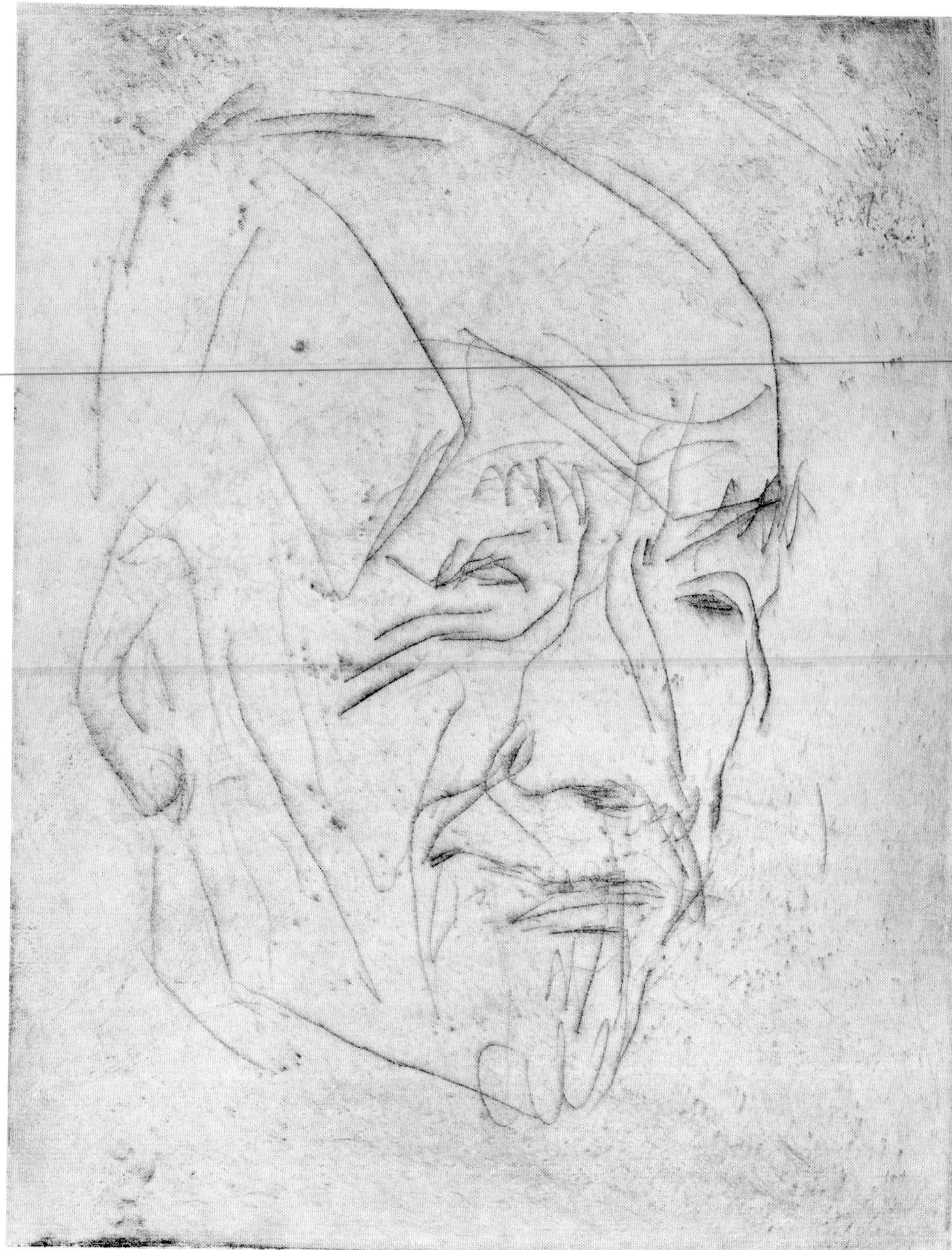

45. Bernard Berenson, 1954, Radierung,
33 × 25 auf 40 × 28 cm, Nachlaß

Werner Bunz:

Armer Eduard – glücklicher Eduard

Werner Bunz, Maler und von 1955 bis 1989 Professor an der Hochschule für bildende Künste in Hamburg, (Klasse: „Schrift“) besuchte 1958 mit seiner Frau Agathe (Malerin, Fotografin) Ischia, wo sie Eduard Bargheer kennenlernten und sich mit ihm anfreundeten. Bunz' sehr persönlich gefärbter Rückblick läßt durchscheinen, in welchem Maße Eduard Bargheer sich an künstlerischen Entwicklungen dieser Zeit rieb.

Wir fanden Eduard im Torrione. Verabredeten uns für den Abend bei Maria. Wer Eduard Bargheer wirklich kennenlernen wollte, brauchte nur den Künstler spielen und sich nonchalant an seinen Tisch zu setzen. Eine seiner unumstößlichen Regeln des Malerlebens im Süden war, keine Einladung am Vormittag, Paul Seitz wußte dazuzufügen, und kein Malwasser.
Eduards Bar in den frühen sechziger Jahren hieß nicht nur „Bar Internazionale“, sie war ein internationaler Treffpunkt, und wir Deutsche stellten neben der vorrangig amerikanischen Schriftsteller-Prominenz die noch richtig proportionierte schmächtige Minderheit, wobei das Gewicht durch den Ehrenbürger von Forio, Signor Eduardo, bestimmt war. Er kannte die kargen, kalten, einsamen Winter, dann spielten die Fischer wieder Karten bei Maria. Nun, wer Eduard auf sein Glück, das ganze Jahr im Süden zu leben, ansprach, hätte besser sein Märchen vom sonnigen Süden für sich behalten.
Als wir bei Maria eintraten, saß Eduard an einem der kleinen Tische, er war pünktlich gekommen. Es gab nur einen Gastgeber, und als Marias Neffe den Wein serviert hatte, kippte er sein Glas, so es vom letzten Rest Wasser geleert war, füllte die Gläser und hieß uns willkommen, dann war sein Gast auf das Amüsanteste unterhalten, wäre ich nicht ich gewesen, mich bohrte er mit Fragen.
Alfred Mahlau war Übergangsdirektor an der Hamburger Hochschule für bildende Künste am Lerchenfeld, wo Werner Haftmann die Gastdozentenklasse eingerichtet hatte: „Abstrakte Malerlehren“, und listig hatte der alte Freund Eduard an den lokalen Fürsten vorbei für ein Semester berufen. Ich war der Schriftmensch mit dem Glück, daß mich die Maler mochten, und war für alles andere, als dem bewunderten Maler als Lehrer Ratschläge zu geben, nach Forio gekommen. Was war es für eine Auszeichnung, mit Eduard in den Schluchten spazierenzugehen, an seinen Plätzen mit ihm zu zeichnen, eine bessere

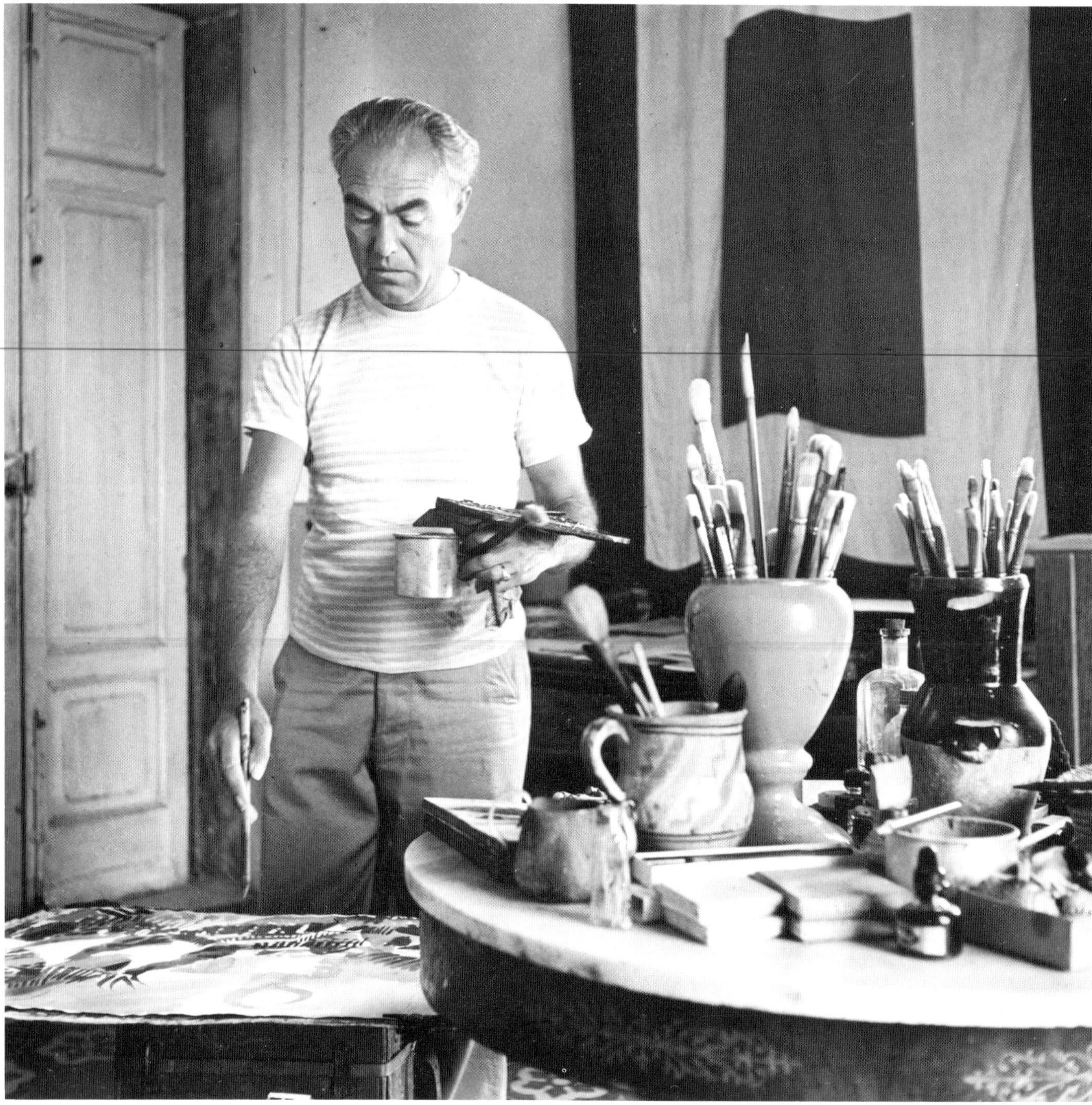

Bargheer in seinem Atelier in Forio, 1951

Lehre gibt es nicht. Aber Eduard bohrte mich mit Fragen. Die Morgenstund ist meine Schwäche. Sie ist, neben dem allein brauchbaren kalten Licht, die Gewähr ruhigen und sicheren Schaffens, besonders dann, wenn man an Kunsthochschulen zu unterrichten hat. Gegen acht, denke ich, kann auch der Künstler seine Arbeit beginnen.
An jenem Morgen – Eduards erstem Tag seiner Gastdozentur – sah ich, wie ich auf die Hochschule zuging, seinen MG davor geparkt stehen. Ich erschrak und fand den Törichten bald im leeren Flur der Maleretage vor den verschlossenen Ateliers der Professoren und den Klassenräumen umherirren. Ich hatte in meinem Raum ein bequemes Sitzmöbel stehen, dorthin gingen wir, und der Asket der Morgenstund griff dankbar nach den angebotenen Zigaretten, und Eduard redete, rauchte und redete, und beim besten Willen erinnere ich mich nicht, über was, wovon, weshalb er unentwegt und jeden Morgen das wertvolle Semester lang in meines Vaters ausgedientem Sessel redete. Vielleicht übte er im Vorbild des Schauspielerfreundes Gustaf Gründgens die Rede, die er vor dem, wie mir heute scheint, zu hoch eingeschätzten Professoren-Kollegen zu halten gedachte. Diese Rede ist unvergeßlich. Nicht etwa, daß jemand den Inhalt verstehen wollte, und wer versteht schon das eigene Wort unter den Niagara-Wasserfällen.
Eduard war von Blankenese, wo sich über ihm der Süllberg erhob und davor die weite Elbe floß, nach Forio gezogen, dort, wo über ihm der Epomeo aufragte, davor das Mittelmeer Afrika ahnen ließ, und wie oft sprach er davon, daß der Schirokko-Wüstensand herüberwehe, überhaupt, daß Ischia Afrika sei. Der schlafende Vulkan war sein Schicksalsberg. Er hatte Eduards Lava-Pfoten, „seine" Fabelwesen ans Ufer heruntergespieen. Wenn Eduard davon erzählte, übertraf er sich selbst, fabulierte mit den Farbennamen oder sagte schon weintrunken „sein" Gedicht auf: Weißt Du – wo die Zitronen blühn …
Ja, brach in Eduard der Vulkan aus, hätte der elegante, welterfahrene Signor, hätte der charmante Unterhalter, der besessene Maler sich nicht darüber aufregen müssen, daß ihn die feinbetuchten Hamburger „schnitten". Ihn kümmerte Werner Gilles' mahnende Vorsicht nicht, bitte Eduard, rede nicht so laut, es muß doch nicht jeder hören, daß wir Deutsche sind (dabei sprachen beide ein vorzügliches Italienisch), und er vergaß jede Diplomatie, für die er im Nachkriegsitalien, als „Botschafter" der Deutschen, bekannt war.
Im darauffolgenden Herbst warteten wir in Porto d'Ischia auf Eduard.

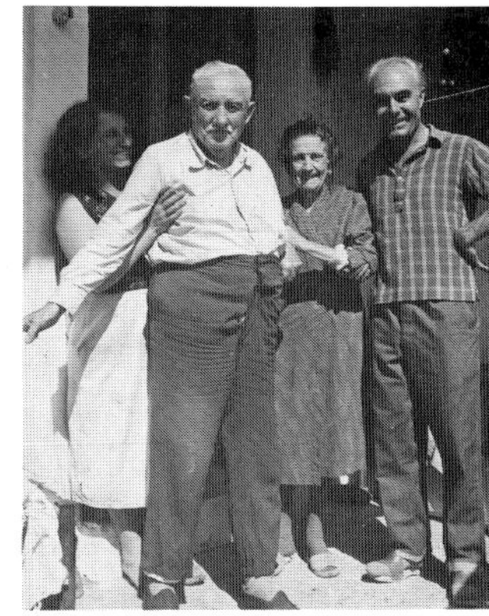
Mit Forianer Freunden, Anfang der fünfziger Jahre

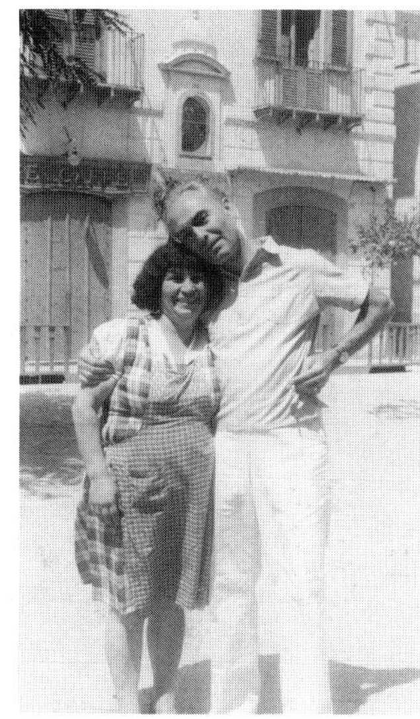
Mit Maria Senese von der Bar Internazionale in Forio, fünfziger Jahre

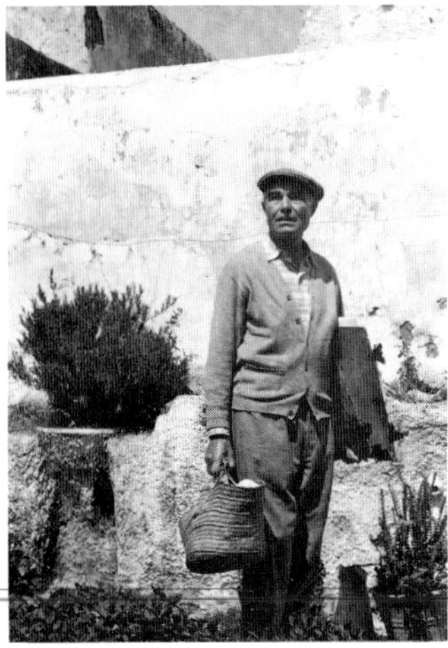

In Forio, etwa 1958

Er kam mit einem alten Kahn, darauf der angeseilte MG sich wie ein Bus ausmachte. Eduard stand aufrecht an Bord, mit müdem Blick, schweigsam. Bestimmt nicht allein die Folge des auskurierten Magengeschwürs, der Mitgift des verlorenen Semesters und der Reisestrapazen.
Die nächsten Wochen saßen wir wohl wieder bei Maria, mit einem stillen Eduard. Nur einmal wetterte der „alte" Eduard – gegen ein Bild in Marias Gemäldegalerie; es war Rothko verwandt und von einem sympathischen jungen Amerikaner gemalt. –
Ja, es war die Zeit um 1960, und der Kunstbetrieb orientierte sich in eine andere Richtung.
Armer Eduard – glücklicher Eduard, maltest Du Dein Forio.

Herbert von Buttlar:
Manigfache Lebenslinie

Herbert Freiherr von Buttlar (1912–1976) betreute als Sekretär und Kustos die documenta I und saß im Ausstellungsbeirat der documenta II, an denen Eduard Bargheer beteiligt war. 1964 wurde von Buttlar zum Direktor der Hochschule für bildende Künste in Hamburg benannt. Die Hommage an den langjährigen Freund, die er zum 65. Geburtstag des Künstlers verfaßte, ist durchpulst vom humanistischen Geist, der auch für Bargheers Einstellung prägend war.

Lieber Eduardo,
es war im Jahre 1927, als ich durch unseren gemeinsamen Freund Friedrich Siems zum ersten Mal von Dir hörte, von der Kraft, der Kühnheit und der malerischen Besessenheit eines jungen Künstlers, der als Autodidakt, verbunden seiner heimatlichen Landschaft, der Insel Finkenwerder und der Elbe, und den deutschen Meistern des Expressionismus und Edvard Munch, anfing, sich einen Namen zu machen. Noch ist das Selbstbildnis 1929 nicht entstanden, aber schon beginnt sich ein bedeutendes Talent zu profilieren.
Wir lernten uns fast 25 Jahre später bei Freunden in Rom kennen. Du hattest inzwischen Ischia mitentdeckt, warst im Süden heimisch geworden, hattest einen eigenen Stil entwickelt und große Wirkung erzielt. Mit Dir hatte sich die Schar deutscher künstlerischer Begabungen, die ihr Format durch Italien gewannen, vermehrt. Vielfach hattest Du Position bezogen, Deine Heimat und ihre in Dir wirksamen Elemente nicht verleugnet, aber einschmelzend in die Verwirklichung Deiner inneren Vorstellungen im Süden, erst in Italien, dann auf Ischia; hattest Gleichgesinnte, ja Freunde gewonnen, vor allen Werner Gilles, hattest der Tyrannei in Deinem Vaterland mutig abgesagt. Du warst jener Maler und Aquarellist geworden, der seinem sich ihm nach 1945 wieder eröffnenden Vaterland und in dem in dieser Zeit wieder ermöglichten Wechselspiel zwischen Norden und Süden das Werk bescherte, das dann weithin strahlte und von den Kunstkennern, an ihrer Spitze Heydenreich und Baumgart, insbesondere aber von Werner Schmalenbach, dessen luzider Geist ein sprühendes farbiges Prisma differenzierten Lichtes auf Dein Werk warf, hinreichend charakterisiert worden ist.
Dem allen vermag ich nichts hinzuzufügen, auch nicht dem, was Du, in guten Zeiten ebenso Dichter wie Maler, in Deinem Begleittext zu *Tunisia* formuliert hast. So laß mich sagen, was mit mir viele meiner

Generation in Dir sehen und durch Dich erleben: den kompromißlosen Aufbruch in einer an Talenten und Positionen reichen Zeit. Durchstehvermögen in den Läuften der Gefährdung innerlicher und äußerlicher Existenz. Konzeption des griechischen Erbes, nicht im klassizistischen, sondern im existentiellen Sinne. Vermischung des Finkenwerder Hamburgers mit süditalienischen und inselgriechischen Elementen (Ischia war griechisch). Bewältigung einer Einung zwischen Intuition und Intelligenz. Zeugnis dessen Deine Werke nach 1945, aufregend deshalb, weil sie den Gegensatz zwischen Gegenstand und Abstraktion, zwischen Natur und Idee aufheben. Wer Schmalenbachs subtile Bemerkungen hierüber im Text zu *Mediterranea* mitvollzieht, versteht, warum ich nichts hinzufüge. Sinn für den Duft und den Glanz des sich Verflüchtigenden, zugleich ein baumeisterlicher Sinn (der Architekt in Dir), dessen „Vergitterungssysteme“ ebenso konstruktiv und ordnend wie ängstigend und gewaltsam sein können. Daß Himmel und Erde und Wasser allem „Gedanklichen“ eine neue Dimension hinzufügen; daß man als „typischer Hamburger“ (der Du auch bist) einer italienischen Suada und eines Prestissimo an Äußerungsfähigkeit mächtig sein kann, daß man leicht und schwer zugleich sein kann, in den Bildern lächelnd, zuweilen teutonisch lachend, daß man ein Erbe Klees, aber auch ihm eigenständig benachbart sein kann (nämlich hinsichtlich des Aquarells), daß man sich nicht davor bewahrt, die Grenzen der eigenen Empfindsamkeit mit einem Schritt zum monumentalen Dekor aufzuheben.
Unvergeßlich ist mir der 3. Oktober 1954. An diesem Tage wurde die Madonna von Casamicciola durch einen von Pius XII. delegierten Kardinal (er war auf einem Zerstörer gekommen, der am Horizont des Meeres sichtbar wurde) mit einer goldenen Krone ausgezeichnet. Die Statue dieser Madonna hattest Du neu gefaßt – man hatte sich dieses wichtigen Auftrages wegen an den hochgeachteten Mitbürger und Künstler Bargheer gewandt im Vertrauen darauf, er würde die ehrwürdige alte Statue der Muttergottes wieder in einen festlichen Zustand versetzen, und mit aller Dir zu Gebote stehenden Sorgfalt und Hingebung hattest Du diese Aufgabe erfüllt, als Maler schwelgend im Blau des Mantels, im Rot der Wangen, im Gold des Haares; zugleich aber auch als gläubiger, der Kirche wiedergewonnener Christ, berührt von der Una sancta, die hier die Gottesmutter Maria mit der Göttin Athene einging, als nämlich schließlich das alte, in den Krakeluren pietätvoll

46. Selbstbildnis, 1965, Lithographie,
40 × 27 auf 65 × 50 cm, Nachlaß

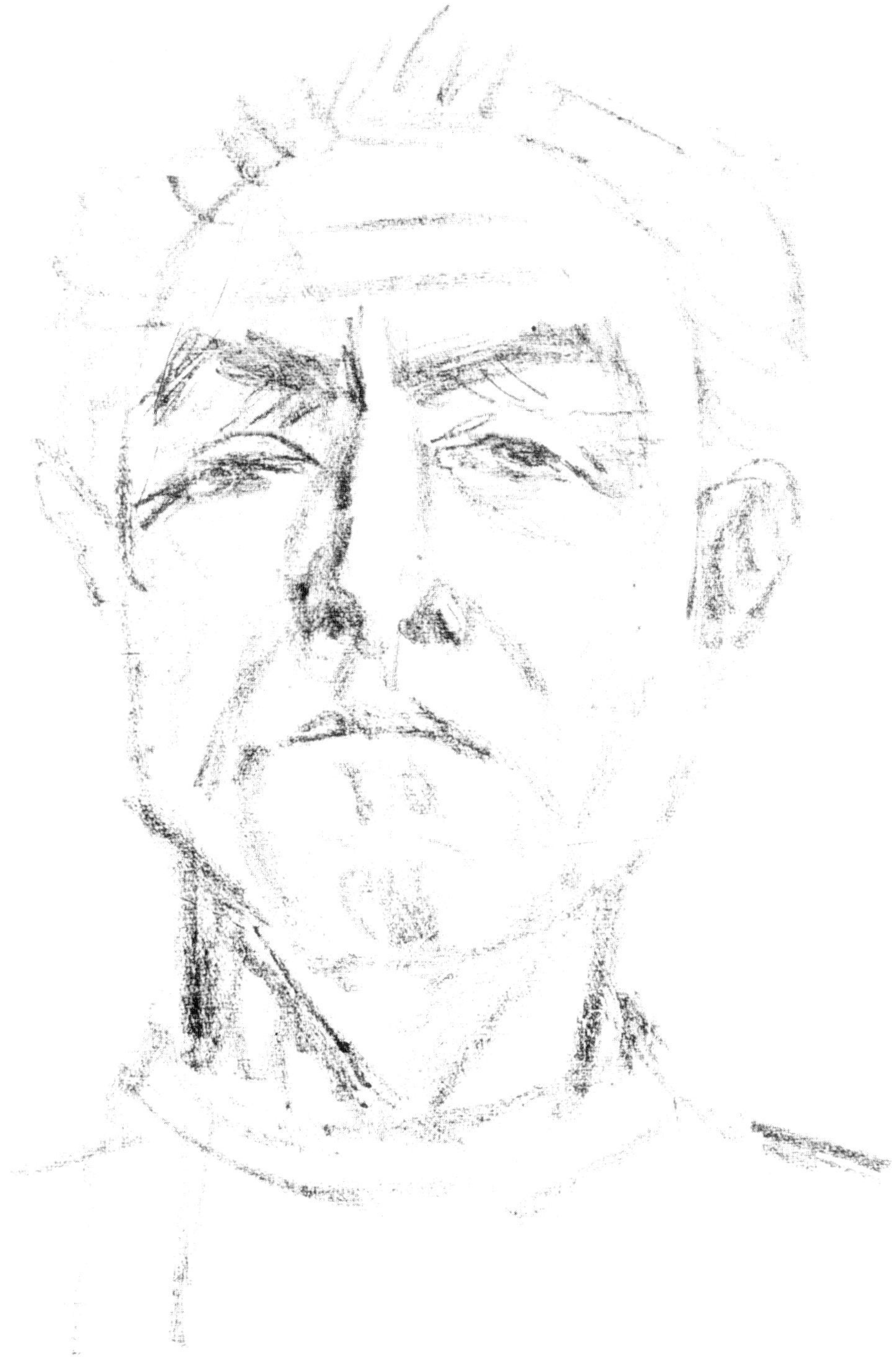

46. Selbstbildnis, 1965, Lithographie,
40 × 27 auf 65 × 50 cm, Nachlaß

von Dir bewahrte Bild der Gottesmutter, neu leuchtend, von der Jugend der Stadt auf einem Schiffswagen aus ihrer Kirche zum Meer gefahren und dort gebadet wurde, wie vor Zeiten Athena im Piräus, und dann stieg der würdige Kardinal die Treppe herauf und nagelte mit gezielten rituellen Bewegungen der Marienstatue die von Seiner Heiligkeit verliehene goldene Krone mit kleinen goldenen Nägeln auf dem Haupte fest. Du aber standest, umgeben von Freunden, die Du geladen, als Meister in geradezu mittelalterlichem Sinne von den Einwohnenden geehrt, glücklich wie ein Kind inmitten der riesigen festlichen Versammlung. Dort zu dieser Stunden schnitten sich mannigfache Lebenslinien: des Künstlers, des Bewahrenden, des überzeugt reflektierenden Christen, des den chtonischen Kräften Verbundenen, des eingebürgerten Insulaners, des ganz Zugetanem, aber zugleich Einsamen. Als solcher kehrtest Du abends in Dein Haus nach Forio zurück. Der Deutsche von Geburt und der Mediterraneer nach Wahl einten sich in dieser Stunde. Wir wußten nicht, daß in der vorhergehenden Nacht Werner Heldt in St. Angelo verschieden war.

Vieles hast Du verwirklicht, was aus Dir heraus zur Verwirklichung drängte, und so warst Du in Zeiten Deines Lebens auch vielen Lehrer, ex officio in Hamburg und in Berlin, und erst soeben holtest Du Dir neue Impulse auf einer Reise durch Marokko, wie denn in der Folge von Klee und Macke Afrika für Dich, dem Jäger nach dem Licht, wichtig geworden ist. Von der Ausbeute dieser letzten Reise, von Deinen neuen Arbeiten, wissen diejenigen, die sie sahen, begeistert zu berichten.

Was bedeuten 65 Jahre?

Für manchen das Datum der Einfahrt in den Hafen endlicher Selbstbesinnung oder Kreuzen auf dem Acheron, dem Strom, der vom Wirken trennt.

Was bedeutet es für den Künstler? Zumal für Dich?

Möge es bedeuten: Gewonnenen Maßstäben treu leiben – weiter wirken – weiter planen – weiter malen.

Dein Herbert v. Buttlar

Gerhard Wietek: **Begegnung mit Eduard Bargheer**

Gerhard Wietek lernte Bargheer kennen, als er Direktor des Altonaer Museums in Hamburg war, das eine Reihe typischer Zeugnisse Bargheerschen Schaffens besitzt. 1978 wurde Wietek Landesmuseumsdirektor von Schleswig-Holstein, seit 1986 lebt er in Hamburg im Ruhestand. Er ist mit mehreren Publikationen, vor allem über Expressionisten, hervorgetreten. Seine Laudatio zum 75. Geburtstag von Bargheer verbindet persönliche Eindrücke mit kunsthistorischen Betrachtungen.

Es mag 16 oder auch schon 17 Jahre her sein, als wir einander zum ersten Mal begegnet sind, und spätestens seit diesem Zusammentreffen denke ich des öfteren darüber nach, woher es kommt, daß sich solche Erstbegegnungen – nicht immer zwar, aber eben doch sehr häufig – dem Gedächtnis besonders intensiv einprägen und die Erinnerung an sie zunehmend dasjenige hervortreten läßt, was sich letztlich als wesentlich erweist. Heute will mir bereits der äußere Anlaß unseres Kennenlernens als symptomatisch erscheinen: das abendliche Kammerkonzert im Blankeneser Haus eines Hamburger Kaufmanns, dem die Musik ebensoviel bedeutete wie die bildende Kunst und der aus eben diesem Grunde Bilder von Bargheer besaß. Das Haus, von der Straße kaum sichtbar, öffnete sich im Inneren in großen, bis zum Fußboden reichenden Fenstern, die den Blick über die hellen und dunklen Konturen von ineinander verschachtelten Häusern und kahlen Bäumen hinweg zur Elbe freigaben. Auf dem nächtlichen Strom hin und wieder das lautlose Gleiten von Schiffen, deren Gestalt sich aus ihrem Licht und seinen Reflexen ergab. Unter den weiteren Gästen war Alfred Mahlau, der an der Hamburger Kunsthochschule, wo Bargheer gerade eine Gastdozentur wahrnahm, soeben sein Lehramt aufgegeben hatte und ganz erfüllt von dem Gedanken war, sich mit der Einrichtung einer Wohnung direkt an der Elbe einen Wunschtraum zu erfüllen, sowie Hans Harder Biermann-Ratjen, der die Kultur dieser Stadt als Senator ebenso unaufdringlich wie nachhaltig zu fördern wußte, weil er Individuen mehr vertraute als Institutionen, Kommissionen oder Behörden. Wir standen – den ganzen Abend, so will es mir heute erscheinen – an diesem riesigen Fenster über der zwar nicht sichtbaren, jedoch allenthalben wahrnehmbaren Elbe, und das erste, was Bargheer mir sagte, war die Bemerkung, daß er dort drüben auf der anderen Seite in Finkenwerder

geboren sei, als dies noch eine richtige Fischerinsel ohne Fabriken und Werften gewesen wäre, und daß es hier sein erster Porträtauftrag gewesen sei, die Eltern Gorch Focks zu malen. Ich gab freimütig zu, von ihm wenig mehr als den Namen gekannt zu haben, ehe ich in Bremen 1958 die vom Hamburger Kunstverein zusammengestellte Ausstellung gesehen hätte, in der mir besonders die eigentümliche und unverwechselbare Farbigkeit seiner Arbeiten aufgefallen sei, wobei mir keine der Farben für sich, sondern nur im untrennbaren Zusammenhang mit den anderen vorstellbar gewesen wäre. Sie hätten so auf mich gewirkt, als wäre ihre materielle Substanz unmittelbar derjenigen des Dargestellten entnommen und zu einer neuen Wirklichkeit verwandelt. Sodann kam ich auf die Deichlandschaft aus den zwanziger Jahren zu sprechen, die bereits 1929 – wahrscheinlich als erstes in eine öffentliche Sammlung gelangtes Bild – vom Altonaer Museum erworben worden war und hier die Eingriffe der Nationalsozialisten ebenso überstanden hatte wie die schweren Kriegszerstörungen. Dieses Gemälde, das damals noch im Magazin der Neueröffnung der Landschaftsgalerie harrte, erleichterte mir zu jener Zeit, in der mich vorwiegend die Maler der „Brücke" beschäftigten, den Zugang zu seinem Werk. Ebenso wie das 1929 entstandene großartig distanzierte Selbstporträt aus der Hamburger Kunsthalle (Abb. 16), erschien es mir – je länger je mehr – als ein Schlüssel für seine Ausgangsposition, in der das ausdrucksvolle Pathos der Expressionisten ebensowenig übersehbar ist wie der besonders im Farbigen erkennbare Wille zur Konzentration des subjektiv Wesentlichen. Vor allem aber sah ich darin eine Bestätigung für die Bedeutung der Landschaft in seinem Leben und Schaffen, die beide ohne sie überhaupt nicht denkbar sind und über deren Einwirkungen und Auswirkungen er sich selbst in der ihm zu Gebote stehenden bildhaften Sprache so geäußert hat:
„Der Künstler wird naturgemäß seine ersten Erfahrungen in jener Umwelt machen, in der er geboren wurde. Er wird, je nach den Umständen, sie hassen oder lieben, aber zweifellos stark sie erleben. Der Ausgangspunkt meiner Erlebnisse, die zur Gestaltung in der Malerei drängten, war die Elbe, der große Strom mit seinen Gezeiten, der Ebbe und Flut, welcher mein Leben reich machte mit der ganzen Riesenskala seines Temperaments [...] Durch den Strom erlebte ich auch schon sehr früh, daß nicht nur visuelle Erlebnisse für die Darstellung wichtig waren, sondern die Gleichzeitigkeit aller Sinne, ihre

Kongruenz. Ich erinnere mich daran, wie sehr der Geruch des bei Ebbezeit vom Wasser freigegebenen Sandes sich deckte, zusammengehörte mit dem Geschrei der Wasservögel und dem Glucksen in den Schlammprielen, wenn die Flut einsetzte. Ein aus dem Erlebnis entstehender Klang von Sepia, Schwarz und Grau hätte nicht anders zu sein vermocht. Die erdigen Klänge wären nicht ersetzbar gewesen durch reine Farben. Staunend beobachtete ich die Gleichzeitigkeit, die Wiederkehr ein und derselben Formelemente. Der Strom rundete gelassen die Sandinseln, wie der Wind die weißen Wolkengebilde, die dann bei Sturm im gleichen Duktus gezähnt und zerfetzt waren wie die gischtgekrönten Wellenberge, die am Himmel noch mal in fester Form in den Dünenbergen wiederkehrten. Himmel, Wasser, Erde, die innige Verwobenheit und Gleichzeitigkeit dieser drei, das war es, was mich erregte, was ich überall wiedererkannte. Wo aber viel Wasser war, da gab es auch viel Licht."

Soweit das Zitat, das an dieser Stelle nicht für die Behauptung gebraucht oder mißbraucht werden soll, daß die Physiognomie der Kunst durch Landschaften oder Regionen und nicht durch Künstler geprägt würde. Es hat jedenfalls dann seinen Zweck erfüllt, wenn es den nicht minder extremen Anspruch in seine Schranken verweist, die Kunst sei unabhängig von Raum und Zeit, der Künstler geistig so autonom, daß er der Luft nicht bedürfe, die er atmet.

Soviel zu unserer ersten Begegnung. Woran ich einige Gedanken an eine zweite anschließen möchte, die zwar kein persönliches Zusammentreffen war, aber doch eine Begegnung mit ihm und seinem Werk, und zwar in jenem Land, das ebensowenig wie das seiner norddeutschen Ursprünge aus dem weitgezogenen Kreis dieses Lebens und seiner Kunst fortzudenken ist: Italien. 1925 ermöglichte ihm ein Stipendium die erste Reise dorthin, zehn Jahre später entdeckte er „seine Insel", Ischia, ließ sich 1939 dort nieder, wurde 1948 Ehrenbürger von Forio, wo er ein eigenes Haus erwarb und nun die Kathedrale mit einem Mosaik des Kirchenpatrons S. Vito, seiner letzten großen Arbeit, schmückte. Darüber, wie er in dieser ja nicht nur Ischia, sondern ebenso Florenz und Rom, Tunis, Spanien, Marokko, Ägypten und schließlich Griechenland umfassenden mediterranen Welt aufging und wie diese einging in sein Werk, hat wiederum er selbst und haben viele andere geschrieben, so Werner Schmalenbach bereits 1959, als er sich den hier entstandenen Aquarellen widmete:

„Alles hat in Bargheers Malerei der Süden zum Reifen gebracht. Die Heiterkeit der olympischen Götter, die dieses Land nie ganz abgetreten haben, liegt über den Aquarellen. Vielleicht, daß man auch die tellurischen Mächte in ihrem Wirken vernimmt, doch wird man sie hier kaum als Mächte, als dunkle Elementargewalten bezeichnen, denn selbst das üppigste Wachsen und Wuchern der Formen stammt hier aus göttlichem Überfluß. Der mütterliche – und uralt mutterrechtliche – Boden bedarf keiner zeugenden Kraft, um Formen und Farben hervorgehen zu lassen. Und es bedarf hier keines strengen, seinen Willen durchsetzenden Geistes, um Ordnung und Maß zu halten. Bargheer hat den Luxus und das Maß, die Strenge und die Süße dieses Landes gemalt, auf jener Insel im Meerbusen von Neapel, die, wenn wir uns eines Bildtitels von Paul Klee erinnern wollen – seine Insel Dulcamara geworden ist."

Bei meinen Nachkriegsreisen in italienische Gefilde habe ich nie den Versuch unternommen, nach Ischia hinüberzugelangen, wie die vielen Hunderttausende, die seither seine und die Spuren anderer Künstler und Freunde – wie Purrmann und Gilles – breitgetreten haben, doch konnte ich bei meinem letzten Aufenthalt in Rom eine Vorstellung davon bekommen, was diese Insel, was dieses Land und seine Menschen für ihn und was er für dieses Land bedeutet, als ich die neu eröffnete Moderne Galerie des Vatikans besuchte, in der – gleichsam unter den Fresken der Raffael-Schule – die berühmtesten Maler unseres Jahrhunderts vereinigt sind. Mit Monsignore Macchi, dem Initiator dieser dem imperialen Anspruch der Kirche adäquaten Schöpfung, studierte ich vor allem die deutschen Künstler, die Aufnahme gefunden hatten, wobei sich mir mehrere Bilder besonders einprägten. Es waren dies Karl Schmidt-Rottluffs „Ulmer Münster", im Jahre des Kriegsausbruchs 1939 gemalt wie eine ihres Innersten und ihrer Bestimmung beraubte Ruine, Erich Heckels erst 1960 entstandenes Spätwerk mit dem kahlen Palast der aus Rom vertriebenen Päpste zu Avignon, Ernst Günther Hansings gerade fertiges Porträt des Papstes Paul VI., dessen asketischer Kopf das Zentrum des Andreaskreuzes bindet, wie er von ihm gebunden wird, und schließlich Bargheers Osterprozession aus dem Jahre 1970. Die relativ bescheidenen äußeren Maße sind rasch vergessen, wenn man davorsteht und bei Vertiefung in das Bild begreift, daß es die Summe seines italienischen Daseins enthält. Dieses Thema, oder besser dieses Erlebnis, muß ihn vom ersten Augenblick

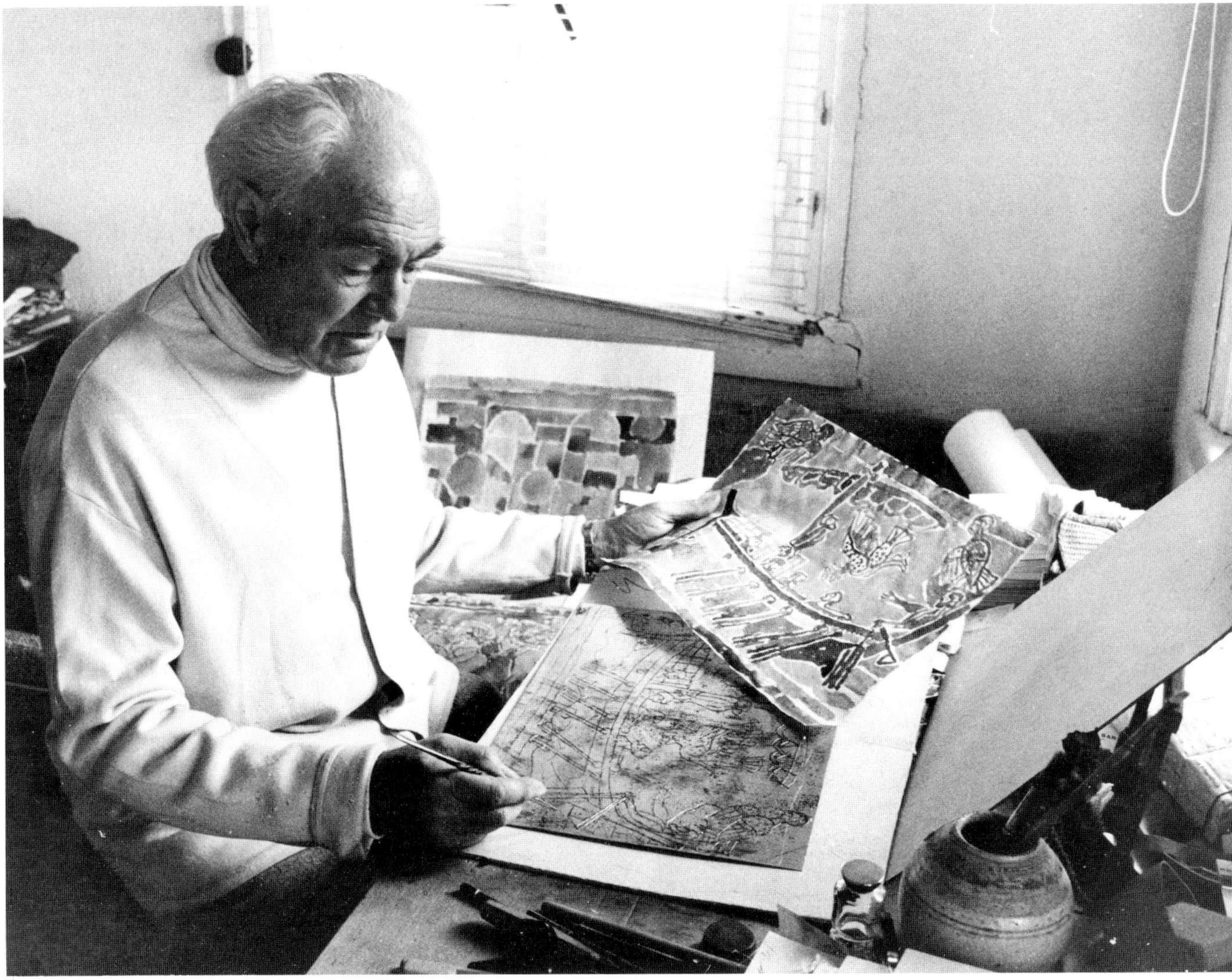

Eduard Bargheer in seinem Blankeneser Haus,
Anfang der siebziger Jahre

des Sichtbarwerdens gefangen haben, und tatsächlich zieht es sich auch durch sein ganzes mit dem Süden verbundenes Werk wie ein Leitfaden hindurch, erscheint in den Ölbildern wie den Aquarellen, Zeichnungen und den graphischen Arbeiten und ist nicht selten auch dort gemeint, wo die Bezeichnungen anders lauten: die Prozession als Theater, farbig gestaltete Vorstellung des menschlichen Lebens als festliche Huldigung an das Göttliche in der Form des Schauspiels, Sichtbarmachung des Außergewöhnlichen als einer Möglichkeit der Annäherung an das Überirdische, aber auch als Verwirklichung der dem Menschen gegebenen Gnade, bitten und danken zu können, wie der Künstler es alljährlich in den seinen Freunden gewidmeten Jahresblättern, den Auguri, tut. Zugleich enthält dieses Bild wie ein kostbar gefaßter Brennspiegel den ganzen Reichtum seiner farbigen wie formalen Ausdrucksmöglichkeiten, die unbeschwerte Heiterkeit des Südens ist mit dem nordischen Ringen nach innerer Ordnung und tieferer Bedeutung eine Symbiose eingegangen und zu klingender Harmonie geworden, wie sie mir in dieser Vollkommenheit nur in wenigen anderen Bildern jenes universalen Museums entgegentrat.
Meine letzte Begegnung mit Bargheer, über die noch zu berichten wäre, liegt erst wenige Wochen zurück. Sie fand an einem grauen Novembersonntag in seinem Haus in Blankenese statt, jener alten Fischerkate, die hoch genug liegt, um unbeeinträchtigt von anderen die Ferne zu ahnen, aus der die Schiffe kommen, und die zugleich untrennbar eingefügt ist in das in Jahrhunderten gewachsene Gemeinwesen, welches auf seine Herkunft deutet. [...] Ich hatte Bargheer gesagt, daß ich mit keiner anderen Absicht gekommen sei als derjenigen, nach längerer Zeit wieder allein ein Gespräch mit ihm führen zu können, wie damals vor 16 oder 17 Jahren, daß ich keine Fragen stellen würde, weil ich keine Bestätigungen vorgefaßter Meinungen wollte. Ich werde diese Unterhaltung, bei der es vor allem um die Polarität zwischen Realem und Abstraktem, zwischen Darstellung und Vorstellung, zwischen Sein und Bedeuten ging, so bald nicht vergessen, weiß jedoch nicht mehr, wie oft er die Gläser nachfüllte, die zwischen Büchern und Blättern bereitstanden, nur, daß es längst dunkel war, als er mich vom Atelier zur Haustür geleitete, wo ich schließlich doch noch die Frage an ihn richtete, ob er einverstanden wäre, wenn ich zur Eröffnung seiner Hamburger Ausstellung spräche.

Marion Gräfin Dönhoff, Herausgeberin der Wochenzeitung „Die Zeit", schildert, wie sie Bargheer auf Ischia erlebte. Sie war über zwanzig Jahre mit dem Künstler befreundet.

Marion Gräfin Dönhoff: **Erinnerung an Ischia**

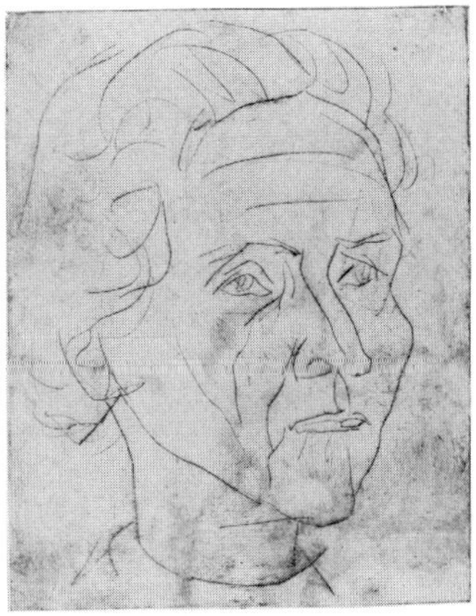

47. Marion Gräfin Dönhoff, 1966, Radierung, 32,4 × 24,9 auf 39,9 × 28,4 cm, Nachlaß

Ausgangspunkt meiner Erlebnisse, die zur Gestaltung in der Malerei drängten", schreibt Eduard Bargheer, „war die Elbe, der große Strom mit seinen Gezeiten: Ebbe und Flut [...] Ich erinnere mich, wie sehr der Geruch des bei Ebbezeit von Wasser freigegebenen Sandes zusammengehört mit dem Geschrei der Wasservögel und dem Glucksen in den Schlammprielen, wenn die Flut wieder einsetzt."

Bargheer war ein Beweis dafür, daß Begabung vor allem eine Frage von subtilem Gespür ist. Er hatte die große Fähigkeit, als Maler Licht und Farbe einzufangen und so der Flüchtigkeit des Moments Dauer zu verleihen; aber er verstand ebensowohl mit dem Wort umzugehen. Ich denke, er hätte sehr gut auch Schriftsteller werden können.

Adolph Menzel hat einmal gesagt, „Genie ist zu neunzig Prozent Fleiß." Bargheer hatte nicht nur die subtile Antenne, die den Künstler auszeichnet, er war auch besessen von nie erlahmendem Arbeitseifer. Tagtäglich saß er Stunde für Stunde an der Staffelei in seinem Arbeitszimmer in Ischia. Nur abends gönnte er sich Zeit für ein gemeinsames Essen bei Franca oder im Epomeo. Er aß gerne gut und kannte alle Restaurants der umliegenden Orte.

Eduardo, wie er allenthalben hieß, war ein wunderbarer Erzähler und ein glänzender Beobachter der Sitten, Gebräuche und sozialen Verhältnisse auf der Insel. Alles, was ich darüber weiß, habe ich im Laufe der Jahre von ihm erfahren.

Oft saß er abends auf der Piazza bei Maria und spielte Karten mit den Fischern. Wenn wir gelegentlich nach dem Essen zusammen nach Hause gingen, weil wir ein Stück weit den gleichen Heimweg hatten, dann war das ein ununterbrochenes Grüßen, denn er kannte jeden im Dorf, viele seit ihrer Kindheit. So ein Gang spielte sich immer nach einem ganz bestimmten Ritus ab: die rechte Hand, etwa in Augenhöhe erhoben, bringt ein leichtes Winken zum Ausdruck, das vom freudigen Kopfnicken begleitet wird, wobei der oder die Betreffende mit Vornamen angerufen wird: Francesco ... Paolo ... Angelina ... eine ganze Liste von Namen.

Hatte man auf diese Weise die abendlichen Flanierer hinter sich gebracht und war in die weniger bevölkerte Via Roma eingebogen, dann zog Eduardo die Tüte hervor, die er auf dem Gang zum Restaurant stets bei sich hatte, um die Reste des Mahls einzusammeln und sie unterwegs an die Katzen zu verteilen.

An einer bestimmten Stelle angelangt, erhob er dann seine durchdringende Stimme zu lautem Rufen: Miez, miez, miez ..., und dann spritzten sie herbei aus allen Häusern und Gassen. Eine große Balgerei begann, in deren Mitte Eduardo stand und mit beseligtem Lächeln Hühnerbeine oder Fischskelette aus seiner Tüte zog.

Ach, Ischia ohne Eduardo ist nicht mehr, was es einmal war.

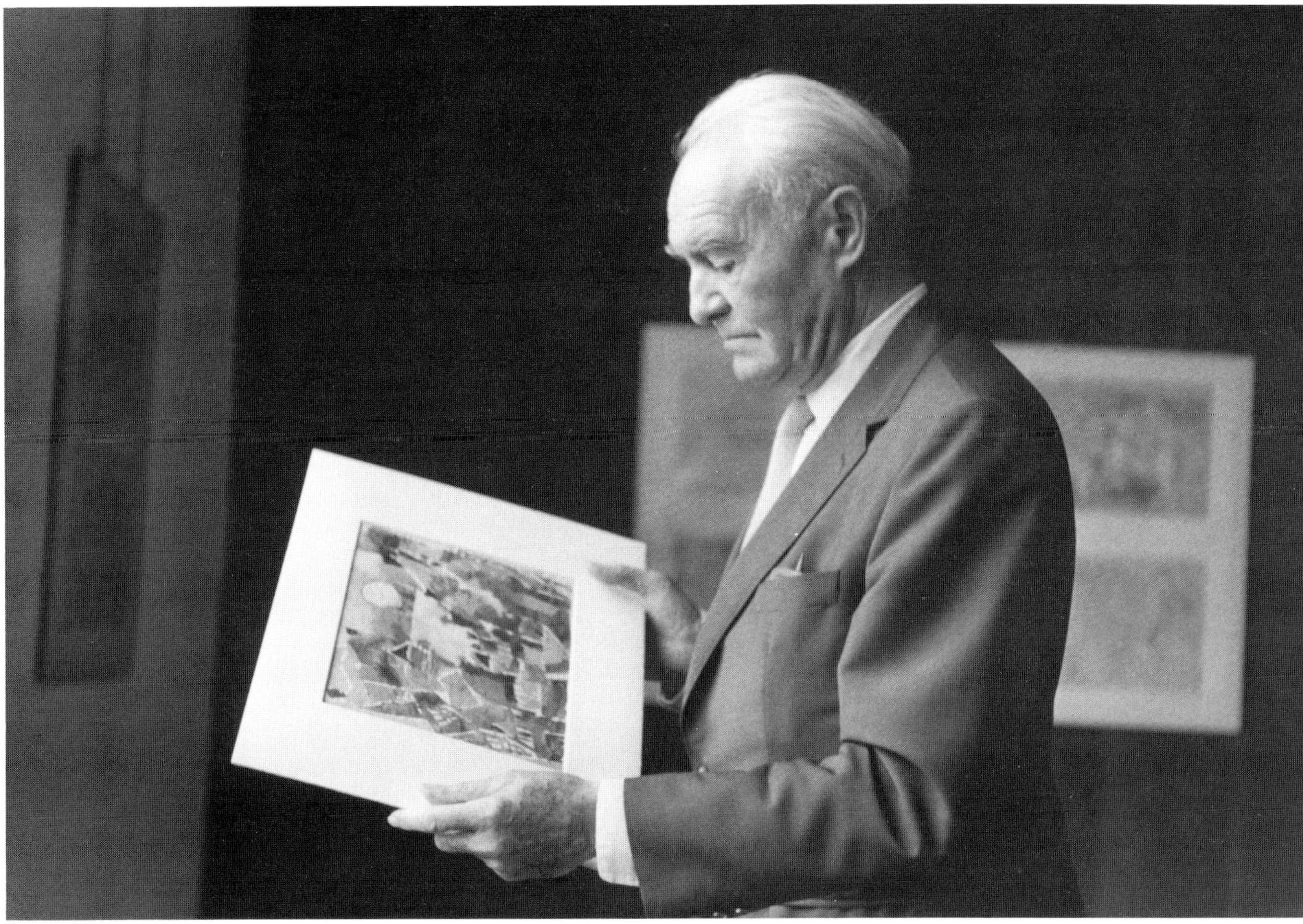

Bargheer Mitte der siebziger Jahre

Wolfgang Henze:
Bargheers Selbsbildnisse

Wolfgang Henze, Kunsthistoriker und -händler, verbrachte seine Jugend in Rom. Sein Interesse wurde daher schon früh auf die Gruppe deutscher Künstler gelenkt, die ihr Werk überwiegend dem Süden gewidmet haben. Wolfgang Henze hat 1979 eine Monographie über Eduard Bargheer mit dem Werkverzeichnis der Ölgemälde veröffentlicht. Er arbeitet zur Zeit an einer neuen und ergänzten Fassung. In seinem Beitrag geht Henze aus kunsthistorischer Sicht der Frage nach, welche Entwicklung das Künstler-Bildnis und -Selbstbildnis im Werk Bargheers genommen haben.

„Auf Welches von beidem geht die Malerei bei jedem? Das Seiende nachzubilden, wie es sich verhält, oder das Erscheinende, wie es erscheint, als eine Nachbildnerei der Erscheinung oder der Wahrheit? – Der Erscheinung, sagte er. – Gar weit also von der Wahrheit ist die Nachbildnerei […]“ (Platon, Politeia X, 2, 598 b)

Ständig werden wir durch Unmengen von „Abbildungen“ überflutet, bewegten in Fernsehen und Film, unbewegten eines Momentes in der Fotografie und ihrer Reproduktion. Daß es bis Mitte des vorigen Jahrhunderts ungleich schwieriger und andersgeartet war, sich ein „Abbild“ zu beschaffen, ist heute vergessen. Vor Erfindung der Fotografie – Mutter heutiger visueller Medien-Flut – bedurfte es eines handwerklich-mimetisch begabten Menschen, um sich ein „Abbild“ zu beschaffen, eines Menschen, der Gesehenes so mit Zeichenstift, Pinsel, Radiernadel, Holz- oder Kupferstich-Messer darzustellen in der Lage war, daß das „Abbild“ mit der Wirklichkeit übereinstimmte. Diese mimetische war bis zur Mitte des 19. Jahrhunderts – auch – eine der Aufgaben der Kunst, die Grenze von „Gebrauchs-Abbildung“ und „Kunst-Werk“ fließend. Sie entfiel nach Erfindung der Fotografie.

Diese Änderung der Aufgabenstellung in den bildenden Künsten als Ursache ihrer Entwicklung nach 1850, welche um 1880 voll erkennbar wird, ist erstaunlicherweise bis heute noch nicht voll in das Bewußtsein derer gedrungen, welche Kunst betrachten. Hierfür mag es zwei Gründe geben: eine handwerklich-mimetische Befähigung ist nach wie vor Voraussetzung des Künstlers, nur schafft er – scheinbar – seit 1880 nicht mehr Abbilder äußerer Realität, wie er sie sieht, sondern vorherrschend Abbilder dessen, was er in sich sieht, fühlt und denkt. Auch für eine solche Umsetzung ist eine mimetische Befähigung Voraussetzung. Ein weiterer Grund des Nichterkennens dieser Ursache des radikalen Strukturwandels um 1880 ist die Tatsache, daß in der Kunst weiterhin durchaus auch Gesehenes „abgebildet“ wird, jedoch nurmehr als Vehikel, um eine künstlerische Vision darzustellen, nicht um den gesehenen Gegenstand als solchen der Nachwelt zu überliefern.

Von dieser letzteren Aufgabe hat die Fotografie die bildende Kunst befreit.
Eine der künstlerischen Aufgaben aus dem Spektrum derer, in welchen nach wie vor Gesehenes irgendwie abgebildet wird, ist das Bild des Menschen, das Porträt und das Künstler-Selbstporträt. Welche Entwicklung nahm diese Aufgabe im „nachmimetischen Zeitalter" der Kunst und wie stellte sich ihr Eduard Bargheer? Versuchen wir im folgenden eine Näherung an das Problem bei der Betrachtung einiger Selbstporträts.
Zunächst: Mit dem Impressionismus nahm die Anzahl der Darstellung des Menschen, vor allem das Selbstporträt, in den Werken der Künstler stark ab. Manuel Gasser bemerkt das in seiner Studie zum Selbstbildnis durchaus, findet aber nicht zu der Erklärung, daß eben alle Bildnisse rein dokumentarischer Funktion inzwischen vom Medium der Fotografie geleistet wurden.* Entsprechend der allmählichen Entfernung der bildenden Künste vom – auch – dokumentierenden Abbild des Äußeren hin zum Abbild innerer Visionen schwindet auch im Bildnis das „Detail". Es tendiert, sich über Zeit, Ort und Einzelheit zu erheben, dies geschieht jedoch gegenüber anderen Aufgaben der bildenden Kunst mit zeitlicher Verzögerung, denn eine „Gesichts-Landschaft" mit Hilfe der neuen Mittel der impressionistischen Malweise, des Divisionismus (Pointillismus) oder der Form-Analyse Cézannes in Charakterzüge zu zerlegen, war ungleich schwieriger als zum Beispiel die Natur-Landschaft mit diesen Mitteln auf ihre Strukturen zu befragen. Das Abtasten von Oberflächen-Reizen oder eine Volumina-Analyse der Formen konnten einer – hergebrachten – Porträt-Vorstellung nicht gerecht werden.
So sind denn auch Monets Selbstbildnis des Jahres 1886 und das früheste uns bekannte Selbstporträt Eduard Bargheers aus dem Jahre 1926 (Abb. 9) bezüglich ihrer künstlerischen Struktur – noch – identisch: die Umgebung löst sich bei Monet im Schein von Farbe und Licht auf, bei Bargheer wird sie in einem großzügigen Divisionismus in ihrer Farbe zerlegt und durch den Duktus der Pinselhiebe heftig bewegt. Das Antlitz ist in beiden Fällen jedoch klar und sehr genau bezeichnet, besonders die intensiv fragenden Augen. Auch die Selbstporträts von Cézanne und van Gogh der Zeit um 1885 zeigen dieselben strukturellen Anlagen. Letzterer geht in den folgenden Jahren weiter und hebt den „Stil-Bruch" zwischen Umgebung und Antlitz auf, trägt die divisio-

* Manuel Gasser, Das Selbstbildnis, Gemälde großer Meister, München 1979, S. 180 f.

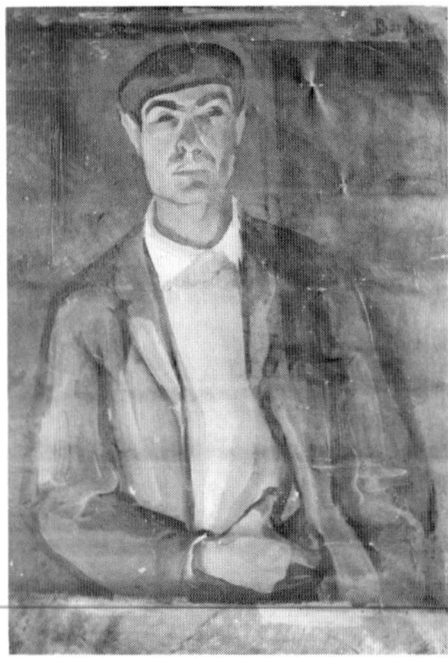

48. Selbstbildnis, 1929,
Öl auf Leinwand, 92 × 71 cm,
1979 gestohlen und seitdem verschollen

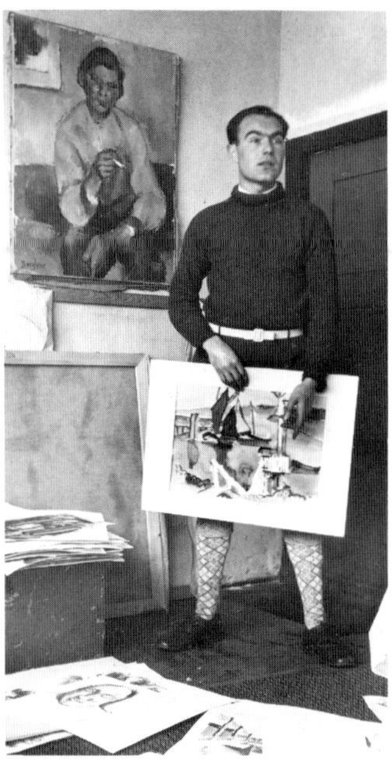

Bargheer in seinem Finkenwerder Atelier, 1927
(Foto: Herbert List)

nistische heftige Farb- und Form-Definition auch in die Gesichts-Landschaft. Diese späteren Selbstporträts von van Gogh hatte Eduard Bargheer gesehen, als er 1926 sein Bildnis mit Schulteransatz vor der Staffelei malte, wenn auch bei ihm das Abbild die Notwendigkeit des neuen „Bildes" noch zurückdrängte. Es war die Zeit der Suche nach dem eigenen Stil und nach der eigenen Persönlichkeit, der Ausdruck der Augen ein hartes kritisches Fragen, die Mundwinkel abweisend heruntergezogen: „Was bin ich, und was erwartest Du von mir?"
Komposition, Kopfhaltung und Blick sind im Selbstporträt des folgenden Jahres, das in Paris entstand (Abb. 12), gleich, die heftigen divisionistischen Farbhiebe jedoch zugunsten einer flächigen nuancierten Farbgebung in Übergängen aufgegeben: Der Lehrer Ahlers-Hestermann wurde für die Malerei Bargheers bis 1930 wieder bestimmend. Bargheer geht in Expressivität und Stilisierung der Farbe jedoch weiter und bereitet den auf einer Farb-Dominante aufgebauten Farbklang seiner Bilder der dreißiger Jahre vor. Blau ist hier die Dominante, verletzlich gelb kommt uns das Antlitz entgegen, der Blick hält uns in gebührender Distanz. Auch die Körper- und Kopfhaltung ist zugleich ein Zu- wie ein Abwenden, das Kinn nicht ohne Arroganz erhoben. Nochmals erscheint diese Komposition – durch die Technik bedingt seitenverkehrt – in der Selbstporträt-Radierung des Jahres 1934 (Abb. 23).
Herbert List hatte Bargheer 1927 in dessen Finkenwerder Atelier in eben dieser Haltung leicht von unten fotografiert, ganz wie Bargheer sich selbst sah, mit hoher Stirn, kräftigen Brauen, denen in gleichem Schwung die leicht nach unten gezogenen Lippen antworten, in die Ferne gerichtetem Blick, etwas vorgeschobenem und erhobenem Kinn. In diesem Foto wendet Bargheer sich dem Betrachter jedoch schon mehr zu, möglicherweise Vorbild für das 1929 entstandene Selbstporträt der Hamburger Kunsthalle (Abb. 16), aus dem Bargheer frontal herausschaut. Dies ist der zweite Selbstbildnis-Typus Bargheers, der bis zu seinem letzten Selbstporträt, der Radierung des Jahres 1970 (Abb. 48), gültig bleibt. Die leichte, manchmal fast duftige Malweise kann nicht darüber hinwegtäuschen, daß sich an den Grenzen der Farbflächen starke Konturen bilden wollen, die nur kurze Zeit später nach dem Italien-Aufenthalt des Jahres 1929 sich in einem heute verschollenen Selbstbildnis als Halbfigur durchsetzen (Abb. 49). Nach der Ausnahme des nachdenklich aus seinem Atelier auf die Alster blickenden Bargheer des Jahres 1936 als Kniestück im Halbprofil (Abb. 50)

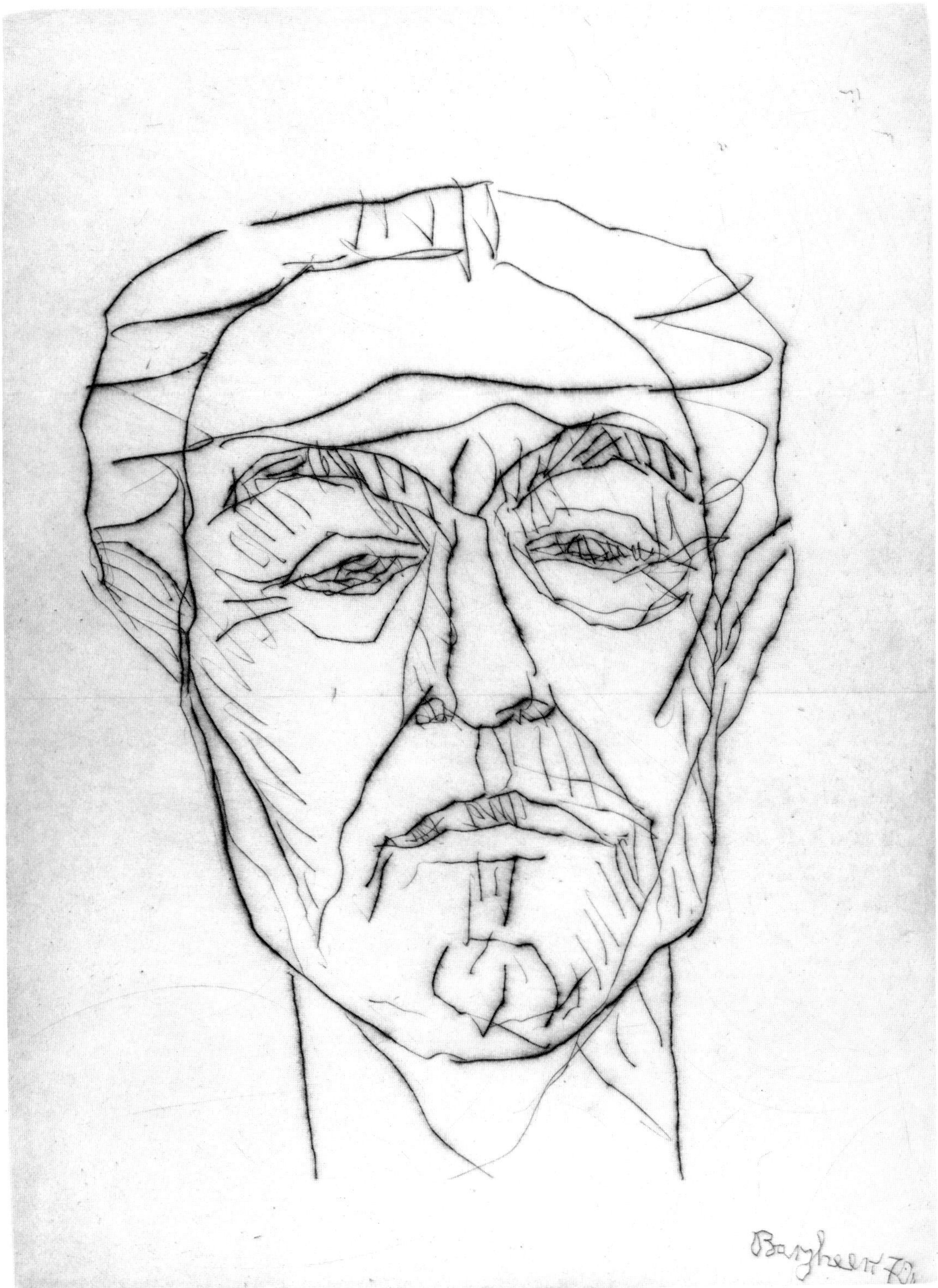

49. Selbstbildnis, 1970, Radierung,
42,5 × 31 auf 53 × 39 cm, Nachlaß

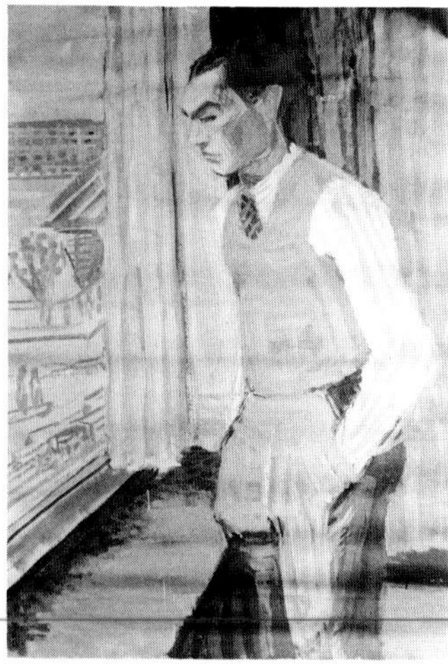
50. Selbstporträt im Atelier am Jungfernstieg, 1936, Öl auf Leinwand, 118 × 92 cm, 1979 gestohlen und seitdem verschollen

wird dieser Bild-Typus nur noch einmal im Gemälde geschaffen, im Selbstporträt des Jahres 1940 (Abb. 28). Dies ist das letzte Selbstbildnis als Gemälde, erst 1965 entsteht – jedoch auf Anregung des Fotografen und Graphik-Editeurs Felix H. Man – wieder ein graphisches Selbstporträt (Abb. 46). Dieser Lithographie in Rötel folgen 1970 zwei Selbstbildnis-Radierungen – wiederum auf Anregung, diesmal durch Detlev Rosenbach.

Daß Bargheer nach 1940 des Selbstporträts nicht mehr bedurfte, erstaunt, vor allem wenn man bedenkt, daß er keineswegs auf Menschendarstellungen überhaupt verzichtet, sondern bis 1968 eine lange Reihe von Köpfen in allen Techniken schuf, manchmal Porträts, wie z. B. Susanne Feigel (Abb. 29), in der Mehrzahl jedoch typische Köpfe der Insulaner Ischias, die nur selten, wie im Falle des Freundes Aniello Verde (Abb. 41), einen Namen tragen. Typisierung überwiegt hier gegenüber einer Individualisierung, starke Umrißlinien umschließen drei- und viereckige Farbkompartimente, so im Gemälde „Neapolitaner" des Jahres 1949 (Abb. 32), welche geeignet sind, den „Südlichen Menschen" zu umschreiben, wie die gleichen Mittel eine „Südliche Landschaft" darzustellen vermögen. Individuellere Porträts jedoch vertraut Bargheer nach 1948 nur noch dem Papier, dem Zeichen- und Radierstift oder der Litho-Kreide an, sieht man von der Ausnahme der „Maria del Café" des Jahres 1953 ab (Abb. 38).

Die Befragung des Ichs im Selbstbildnis hat Eduard Bargheer, seit er nach 1931 seine Künstlerpersönlichkeit im eigenen Stil gefunden hatte, immer weniger interessiert, obwohl das Porträt allgemein und der Mensch in der Gruppe ihn stets aufs neue beschäftigt haben wie die Gemälde Lesende, Kartenspieler, Badende, Familie, Landgewinnung, Regatta, Weinbauern, Ruderer, Tanzende Lemuren, Bauarbeiter, Musiker, Fischer am Strand, Prozession, Radfahrer, Netzträger, Bänkelsänger, Spielende Kinder, Araberfrauen, Böse Buben belegen.

Selbstporträt, Porträt und Menschendarstellung entwickeln sich in Bargheers Werk von der Individualisierung zur Darstellung allgemeiner Grundstrukturen des menschlichen Wesens, seiner Handlung, Haltung und seiner Existenz. Wie treu sich Bargheer jedoch dabei auch in unterschiedlichen Phasen seines Werkes bleibt, zeigt ein Vergleich des Selbstporträts der Hamburger Kunsthalle aus dem Jahre 1929 (Abb. 16) mit dem „Neapolitaner" (Abb. 32) von 1949. Die Tektonik beider Köpfe ist gleich, die Hauptlinien, die Haltung, ja selbst Details wie Augen, Nase und Mund sind – wenn auch mit anderen malerischen Mitteln – doch in gleicher Weise formuliert, selbst der Hintergrund ist in beiden Gemälden in ähnliche Farbbahnen aufgelöst. Auch bei Bargheer bestätigt sich eine in unserem Jahrhundert vielfach feststellbare Beobachtung, daß nämlich in die Darstellung des Mitmenschen der Künstler sich selbst hineinsieht. So wird auch das Schwinden des ausgesprochenen Selbstbildnisses im Werk Bargheers nach 1940 verständlich: Es geht in den typisierenden Menschenköpfen der folgenden Jahrzehnte auf. Das Antlitz eines Mitmenschen übernimmt die Funktion eines Spiegels. Grundstrukturen des Menschenbildes werden dialektisch ergründet und finden zur Integration im Bild des Menschen an sich [illegible] seiner Idee. Im Sinne Platons ist die Kunst durch Entledigung der handwerklichen Mimesis der Wahrheit eine Stufe näher gerückt.

Eduard Bargheer:
Werner Gilles

Die erste Gedächtnisausstellung von Werner Gilles wurde in Berlin, in der Akademie der Künste, am 24. Juni des vorigen Jahres eröffnet. Es war der Tag seines Lieblingsheiligen, St. Johannes, für Gilles höchstes Symbol der Freundschaft und der Treue. Seltsam, und wie sehr in Gilles' Sinn, daß wir am Festtag der Heiligen Drei Könige die Eröffnung seiner Ausstellung in Hannover feiern. Nicht nur darum, weil für Gilles die Festtage, seien es nun christliche oder heidnische, eine lebendige Bedeutung hatten und häufig Anlaß waren für seine Arbeit, sondern darüber hinaus für ihn symbolischen Charakter erhielten, der sogar zuweilen aus seiner eigenen Erfindung entstand. Dabei hatten alle Feste für Gilles eine sakrale Funktion, die nichts zu tun hatte mit sentimentaler Ästhetik, über die er sich lustig machte oder ärgerte.

So erinnere ich mich daran, als wir vor einigen Jahren gemeinsam Weihnachten feierten, daß er erklärte, er habe für die Festtage Erbsen mit Speck gekocht als Medizin gegen all den merkantilen Seelenkitsch der vorweihnachtlichen Wochen. Zur Erbsensuppe freilich gab es einen köstlichen Burgunder, der reichlich floß, und daneben stand der schöne Weihnachtsengel mit einer brennenden Kerze. Zum Nachtisch bereitete Gilles dann umständlich einen türkischen Kaffee und brachte – spitzbübisch lächelnd – einen Pappteller, so wie er ihn in der Konditorei erhalten hatte, mit petits fours, von denen er sagte, daß, wenn sie nicht so gut schmeckten zum Kaffee, es eine Schande sei, sie zu verzehren, denn dazu seien sie eigentlich zu schön. Da lagen die kleinen Dinger in ihren kitschigen Pastellfarben, zum Teil mit opalisierenden Zuckerperlen garniert oder Schokoladenstückchen. Gilles meinte, Matisse habe zweifellos den petits fours, wie er wörtlich sagte, einiges abgeguckt. Na, wie würdest du denn dieses Marzipangrün mischen? Und es folgte eine lange Diskussion, die für uns sicherlich ebenso ernst war wie ein Kolloquium unter Politikern, bis wir uns einigten, daß Chromoxyd zu kalt sei, um den Ton zu erzielen, aber hingegen Hookersgrün 1 zu warm. Und nur die Kombination beider das gewünschte Resultat erreichen würde. –

Was aber das Fest der Heiligen Drei Könige anlangt, von dem es bei Gilles Darstellungen gibt, so dachte er eigentlich weniger an die Anbetung als vielmehr an den Stern, der die Könige leitete. Er hatte viele Träume, die sich mit Sternen verbanden. Sternenfreundschaft, ja, die Sterne begleiteten ihn ständig bei seiner Arbeit und erscheinen als

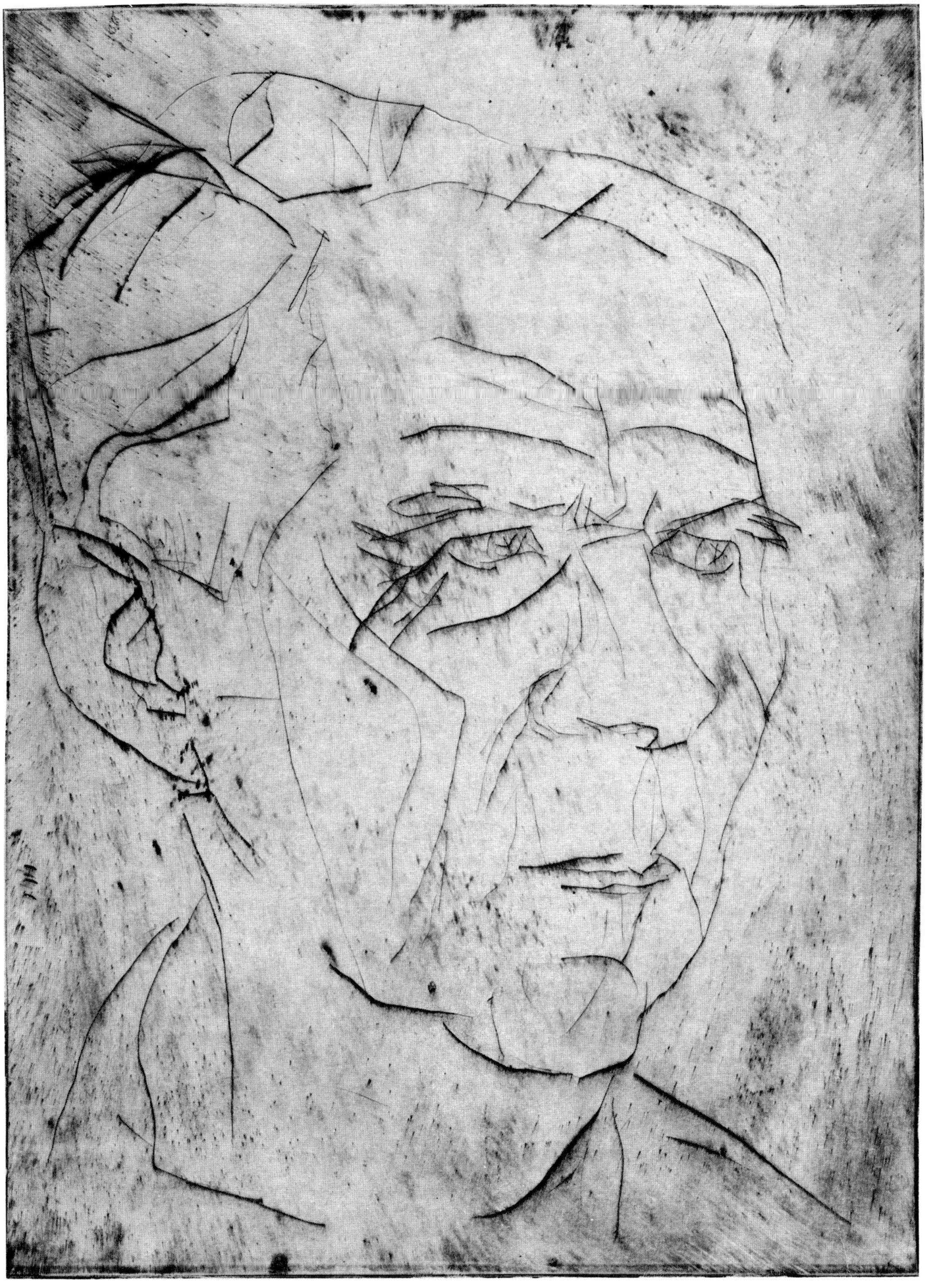

51. Werner Gilles, 1956, Radierung,
35 × 25 auf 49,6 × 34,9 cm, Nachlaß

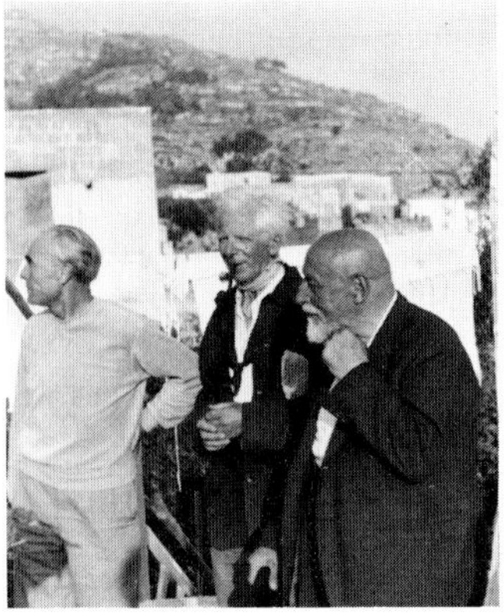

Bargheer mit Gilles (M.) und Purrmann (r.) in San Angelo/Ischia, fünfziger Jahre

mannigfache Formen-Variationen, von den einen Himmel gliedernden, gleichförmig verstreuten Tüpfelchen bis zu den von ihm selbst so genannten, sich überschneidenden Streichholzsternchen. Der Wunderstern aber des 6. Januar bedeutete für Gilles das Wiedererwachen des Lichtes. Er litt unter den langen Nächten und den dunklen Dezembertagen und jubelte über die wiederkehrende Helligkeit, die ihn bereits den Frühling ahnen ließ. Jeden Winter, solange ich Gilles kenne, klagte er, daß ihm nichts einfiele. Er arbeitete wenig und wünschte sich eigentlich, wie er selbst sagte, einen Winterschlaf. Er starb mit der Jahreszeit und erwachte dann mit dem Licht zum neuen Dasein. Jenem Licht, das im Grunde seine Lebensarbeit bestimmte und eigentlich überhaupt erklärt. Seine Farberfindungen sind nur denkbar durch sein Lichterlebnis, wie auch – umgekehrt – seine dunklen Klänge gleichsam Komposition in Moll durch das Erleben der Dunkelheit.
Es gab eigentlich psychisch zwei Wurzeln, aus denen bei ihm die Darstellung wuchs. Seine Träume oder auch Wachträume, wenn man will, und seine sichtbare Umwelt, die sich dann häufig innerhalb der Darstellung mit seinen Träumen koppelte. Hierher gehört nochmals das Lichterlebnis, das, als Beispiel aus Gilles' letzten Jahren, sogar personifiziert wurde, aus dem Traum. Nämlich seine Saulusdarstellung. Er hat mir damals erzählt, daß er eines Tages nach der Mittagsruhe im verdunkelten Raum auf seine Terrasse getreten sei und wie vom Blitz geblendet die Augen schließen mußte beim Anblick der überstarken Schirokko-Sonne. Und er fügte hinzu, so muß es wohl Saulus ergangen sein bei der Erscheinung. Und kurz danach zeigte er mir die im Anschluß daran entstandenen Kompositionen, bei denen er sein geliebtes Spielzeugpferd verwandte, das auf seiner Kommode stand und das wir uns gegenseitig am Jahrmarktstage von St. Michael schenkten, den Tag des Schutzheiligen von St. Angelo, den Gilles mit seinen Fischern alljährlich feierte.
Vom Fest der Heiligen Drei Könige an zählte Gilles die Tage bis zu seiner ersehnten Rückkehr nach St. Angelo. In jedem Brief hieß es: Nun ist es bald wieder soweit, wann fährst du? Werden wir wieder Ostern zusammen mit dem fliegenden Engel feiern? Er meinte das Prozessionsspiel in meinem Ischia-Ort Forio. Wenn Gilles auch immer davon träumte, nach dem Calabria-Ort Palinuro zurückzukehren, wo er vielleicht am glücklichsten war, und seine schönen Fischerzeichnungen am Strande schuf, war er dennoch St. Angelo geradezu verfallen. Trotz

aller Leiden, die nicht zuletzt von dem allzusehr ansteigenden Fremdenstrom herrührten, über den er sich ärgerte. Immer wieder erzählte Gilles, wie er St. Angelo fand, als er, von Anna-Capri aus, nachts die spärlichen Lichter auf der schwarzen Insel Ischia sah, die ihn unwiderstehlich anzogen. Damals gab es hier weder Hotel noch Pension. Gilles wohnte bei den Einheimischen, wurde ihr Freund, teilte mit ihnen durch die Jahrzehnte ihre Sorgen und feierte mit ihnen ihre Feste, wobei er ausdrücklich Wert darauf legte, sich den Bräuchen der Angelesen anzugleichen. Am Festtage des Schutzheiligen St. Michael legte Gilles mit Umständlichkeit eine Krawatte an und trug sein Sonntagsjackett, lächelte aber selbst darüber. Er wollte eben keine Ausnahme machen und sich kleiden wie seine Fischer, die für ihn viel mehr waren als solche. Mit Verachtung sprach er von den Einwohnern der Bergdörfer Testaccio etwa oder Barano, hoch oben am Epomeo, und behauptete, sie seien häßlich von Gestalt und Charakter, während für ihn *seine* Fischer als Nachfahren des Magna Graecia noch heute sich bewegten wie archaische Statuen. Immer wieder hat er in Zeichnungen und Bildern dieses sein ganzes Leben begleitende Motiv dargestellt.

Die vom Tourismus korrumpierte Entwicklung von St. Angelo nahm ihren trostlosen Lauf. Gilles wetterte gegen die von ihm so genannten Walrösser, die in Horden auftretenden, vorwiegend deutschen Damen, welche trotz ihrer kapitalen Körperfülle nicht vor starkfarbigen Hosen zurückschreckten. Gilles hat sie gehaßt, diese Art der Fremden, und nicht gespart mit bösen Worten beißender Kritik, wenn selbst diese Gestalten ihn anregten, seine Strandgespenster darzustellen. Aber im Grunde hat ihn die Veränderung von St. Angelo überhaupt nicht berührt. Sie hat sozusagen ihn gar nicht erreicht. Ich erinnere mich an Gilles' Geburtstagsfeier – es war die letzte, welche Werner Heldt mit uns beging –, daß man Gilles fragte, wie er es noch aushalte hier, wo das fremde Element doch so vorherrsche, daß man von Einheimischen kaum noch etwas spüre? Gilles saß nachdenklich da, und ich fragte ihn, ob *ich* für ihn antworten dürfe, da wir ja beide zusammen diese schreckliche Entwicklung erlebt hätten; und ich sagte dann, daß einerseits wir immer noch von dem, was *da* sei, zehrten, weil es genüge, um uns auch *heute* noch zu beglücken, daß aber andererseits wir Veränderungen überhaupt nicht bemerkten, weil selbst unsere *Beobachtung* noch zu sehr angefüllt sei von Erinnerungen *vergangener* Zeiten.

Gilles fand das dann völlig richtig, und sein nicht mehr existentes, gleichsam Traum-St. Angelo beflügelte ihn zu seinen sogenannten Pinselübungen, bei denen selbst katastrophale chirurgische Eingriffe in die paradiesische Landschaft ihm Anregungen vermittelten. Dort, nahe den Orangengärten von Succhivos, wo er seine Orpheus-Erlebnisse hatte, führte man die neue Asphaltstraße durch nach St. Angelo. Er haßte sie und die vielen vor dem Ort parkenden, meist deutschen verstaubten Wagen, die zuvor den Ort nicht erreichen konnten. Und dennoch hat ihn gerade die *verwundete* Landschaft angeregt, einige seiner schönsten Aquarelle daraus zu machen. Er sagte einmal zu mir: Glaubst du nicht, daß es anderen Malern genauso ergeht? Denke nur an den Bahndurchstich von Cézanne. – Und als die von ihm verachteten Filmleute kamen und am Strand zwei riesige Schiffswände aus Pappe errichteten, über die wir weidlich lachten, Schiffe, die dann angezündet und verbrannt wurden, entwickelte Gilles daraus seinen Schiffszyklus und adelte jene traurigen Pappwände, die er zu seinen Märchenschiffen machte, wenn auch immer mit dem ihm eigenen Mißtrauen gegen sich selbst und seine Arbeit, denn er fragte mich mit füchsischem Lächeln: Na, die erinnern dich doch hoffentlich nicht an Turner?

Gilles hatte eine Abneigung gegen alle Maschinen und Apparate, mit denen er überdies nichts anzufangen wußte. Ja, sie funktionierten gar nicht in seinen Händen. Zum Beispiel rasierte er sich bis an sein Ende auf primitivste Art. Der ihm zum Geschenk gemachte elektrische Apparat ruhte unbenutzt in der Schublade. Er war gegen Auto und Flugzeug, obschon er notgedrungen in seinen letzten Jahren diese Abneigung überwand und zugab, daß die späten Aquarelle einschneidend beeinflußt wurden durch sein Flugerlebnis. Gefördert aber wurde dieser sein Spätstil ganz ungegenständlicher Formen durch seine Unbeweglichkeit. Er hat immer darunter gelitten, nicht mehr imstande zu sein, die geliebte Schlucht und seine drei Bäume zu besuchen. Er war glücklich, als wir noch mal an einem Sonntag dort waren, weil er sich mit meinem Beistand diesen Weg zutraute, den er allein nicht mehr wagte. Die Angst, fallen zu können oder zu ermüden, ließ ihn immer mehr sich in seine vier Wände einschließen. Ach, dieser einfache, bescheidene Raum. Gilles war immer ein Landstreicher. Er hat sein ganzes Leben in möblierten Zimmern gewohnt und sich amüsiert über das Plüschsofa und Vertiko. Er hat in den geschmacklosen Krü-

gen, die sich zufällig fanden und durch ihn geadelt wurden, seine hinreißenden Blumen gemalt, während im Hintergrund ein kitschiger Druck an der Wand durch seine Hand zum farbigen Edelstein wurde.
Gilles war bedürfnislos in einem Maße, daß man das großartige Wort von Sokrates anwenden kann, als er mit seinen Schülern durch Athen ging und die vielen luxuriösen Läden sah: Wieviel es doch gibt, dessen wir nicht bedürfen. Anspruchsvoll jedoch war er hinsichtlich seines Handwerkszeuges und seines Gaumens. Was für ein Gewitter ließ er auf die arme Cecilia herniedergehen, wenn sie einen Fisch schlecht zubereitet hatte, oder auf Guido, falls der Wein ihm nicht gut erschien. Gilles Sparsamkeit, die zuweilen aussah, als wenn er knauserig sei, entsprang seiner Angst, im Alter siech zu sein. Wenn ich ihm dann sagte: Aber Werner, es würden doch auch dann deine Arbeiten gekauft werden, antwortete er mir: Na, sieh dir doch Dufy an, kein Mensch will so etwas mehr, so rasch kann das Interesse zu Ende gehen. Er hatte tiefstes Mißtrauen in allen Besitz und hat immer wiederholt, die Chinesen sagen, das Leben ist eine Brücke, auf der man keine Häuser bauen soll. Er trug Jahr um Jahr seine braune Lederjacke und gönnte sich, das war sein Luxus, ein schönes seidenes Tuch. Er hatte mehrere davon, die er nach Laune und festlichem Anlaß wechselte. Da war besonders das Lieblingstuch in einem schönen Gelb mit kleinem roten Muster, das Feiertuch. Oder aber das olivgrüne mit Weinrotgeprickel. Wenn er sich das Tuch etwas schwerfällig und umständlich anlegte, sagte er schmunzelnd: Wir sind und bleiben doch Halstuchfetischisten.
Dann gingen wir langsam von seinem spartanischen Zimmer mit dem jämmerlich unbequemen Bett und dem armseligen Mobiliar hinab über die holperige Treppe, über deren zu hohe Stufen er sich immer wieder ärgerte, auf die Piazza. Erst zum Tabaccaio, wo er von dem kleinen Sohn Oreste bedient wurde und immer wieder dieselbe Forderung stellte: Due Toscani con Musica. Dann suchte der Junge lange aus, jede Zigarre leicht drückend, bis er dann, das Spiel mitspielend, eine nach der anderen ans Ohr hielt und lächelnd versicherte, beide hätten Musik. Und dann saßen wir auf der Piazza bei unserem Freund Ridente, der uns seinen schönen Rotwein brachte, vor uns die geliebten Boote und das Meer.
Wir sprachen dann über unsere Arbeit, sozusagen: die Küche. Die rosigen Mauern der Piazza erinnerten Gilles an Fra Angelico. Wie würdest denn du dieses Rosa mischen? Aus caput mortuum allein geht es doch

nicht, und Krapplack ist doch zu süß. Tja, ich würde glatt ein Fünkchen grüne Erde in den Krapplack tun. Oh, das ist eine gute Idee. Die untergehende Sonne beschien eine weiße Wand neben der Mole, und im Osten stand bereits der nächtlich violette Dunst der beginnenden Dunkelheit, und wir überlegten uns, wie der regenbogenfarbige Abendhimmel in Horizontalstreifen zu übersetzen wäre – schmal, am schwarzen Meereshorizont beginnend, mit Tinte. Darauffolgend Lila und Rosa. Das wird aber ganz gefährlich, so sagte Gilles, besonders aber, wenn du nun um Orange nicht herumkommst, Donnerwetter. Und endlich das lichte Champagnergelb, bevor die kühlen Klänge zum Zenith führten. Dann dazu auf die weiße Wand deutend: Das ist ja gar kein Weiß mehr, aber auch kein Gelb. Machst du es aber gelb, bist du ebenso verloren, wie wenn du es weiß machen würdest. Na, bei *der* Wand können wir in die Knie gehen. Tizian hätte das gekonnt, erinnere dich an das Weiß auf dem Papstbild von Paul III. mit seinen Neffen. Ach, das ist ja überhaupt das schönste Stück in Neapel. Zu den Malern kann man eben sagen: Zeige mir, wie du Weiß malst, und ich sage dir, wer du bist.

Gilles kam durch seine Unbeweglichkeit zu seinem Spätstil. Er selbst hat diese Aquarelle immer als Pinselübungen bezeichnet. Sie leiten sich her aus Erinnerungen und Träumen. Ich fragte ihn einmal, wie er zu solchen Darstellungen käme, und er antwortete – ich erinnere mich genau –, daß er am meisten dabei leide zu *Beginn* der Arbeit, weil alles Zufällige im Sichtbaren ihn störe. Die Konzentration müsse dahin gehen, daß man sich selbst völlig aufgäbe. Er versuchte, sich hinabfallen zu lassen, wie er sagte, in einen dunklen Schacht, und wartete so lange, bis die Bilder kämen, die ihn weckten und die er dann sichtbar zu machen suchte. Unsere Gespräche zogen sich hin bis in die Nacht. Aber es gab auch zuweilen viel Scherz und Angriffslust, so daß wir zuletzt mit Ridente, dem Wirt, in Konflikt gerieten, weil er schließen wollte. Er hinterließ uns dann einen Fiasco, und wir beide saßen ganz allein unter dem Sternenhimmel, um mit dem immer neuen, sogenannten letzten Glase anzustoßen. Darauf geleitete ich den Freund (wenn auch in übertragener Bedeutung, nach dem Wort: Der Blinde stützt den Lahmen) bis an seine Zimmertür, die gefährliche Treppe hinauf. Gilles aber war in großer Sorge um mich, wie ich nach Hause käme, und lud mich ein, doch in St. Angelo zu übernachten, was ich jedoch nicht tat. Aber seine Sorge war so groß, daß er dann am anderen Morgen in Forio erschien und an meine Tür pochte und sagte: Na, das ist ja wieder mal ein Wunder, daß wir beide noch am Leben sind. Komm, jetzt machen wir uns noch einen Festtag. Und dann fuhren wir langsam um die Insel in dem betörenden hellen Morgenlicht, das uns Jahrzehnte erregte und aneinanderband in unserer Freundschaft.

Als ich Gilles zum letzten Mal sah im ospedale internazionale in Neapel, da lag er im Liegestuhl im Garten. Sein Gesicht war noch magerer geworden, als es ohnehin immer war, erschreckend schmal. Und seine Augen, die sonst zwinkerten, hatten sich geweitet, sie waren plötzlich riesengroß, und die hellblaue Farbe seiner Augen war zu einem tiefen Stahlblau geworden. Er war abweisend im Blick und erregt, wollte unbedingt nach St. Angelo zurück. Als ich versuchte, ihn zu beruhigen, und ihm sagte, aber schön sei doch der Garten und insbesondere die Bäume um ihn, fragte er: Wo sind Bäume? Und ich deutete auf die Palmen, worauf er sagte: Ach, was, das ist doch alles Pappe. So war es: Pappschiffe wurden zu seinen Märchenbooten, und reale Gegenstände waren für ihn nicht existent. Dann sagte er: Ach, wenn ich doch schlafen könnte nachts, aber all die Schauspieler unter meiner Terrasse machen so viel Lärm. Und ich fragte: Welche Schauspieler? Ach, sagte er, die haben sich jetzt versteckt, die kommen nur nachts. So hat er bis zuletzt in seiner mythischen Traumwelt gelebt, die sich bis in die banalsten Vorgänge erstreckte.

Lebensdaten

1901 in Hamburg-Finkenwerder geboren
1912 Bekanntschaft mit dem Maler und Kunstkritiker Harry Reuß-Löwenstein
1918–1924 Studium am Hamburger Lehrerseminar mit einer Ausbildung an der Kunstgewerbeschule Hamburg-Lerchenfeld
1924–1925 Schüler von Friedrich Ahlers-Hestermann und Paul Kayser an der Kunstschule Gerda Koppel
1925 Erste Reise nach Florenz
1926 Erster Aufenthalt in Paris
1927 Zweiter Aufenthalt in Paris
Teilnahme an der Jahresausstellung der Hamburgischen Sezession
Erste Einzelausstellung im Graphischen Kabinett Maria Kunde in Hamburg
Freundschaft mit der Malerin Gretchen Wohlwill
1927–1940 Dozent an der Kunstschule Gerda Koppel
1928 Reisen mit Gretchen Wohlwill nach Belgien und Holland, nach Italien bis Palermo
Auftrag durch den Hamburger Oberbaudirektor Fritz Schumacher, den Finkenwerder Wasserturm auszumalen
Bau eines Ateliers neben der von ihm seit 1926 bewohnten Neßkate in Finkenwerder
Reisen nach Florenz und London
1929 Reise mit Gretchen Wohlwill nach England
Mitglied der Hamburgischen Sezession
1930 Reise mit Gretchen Wohlwill nach Sylt
Erster öffentlicher Ankauf durch Gustav Pauli für die Hamburger Kunsthalle (Selbstporträt von 1929)
1930/31 Reisen mit Gretchen Wohlwill nach Italien: La Spezia, Lerici, Florenz, Arezzo, weiter nach Paris und zurück nach Lerici
Bau des Segelbootes „Hans Castorp"
Freundschaft mit der Familie Panofsky
1932/33 Längerer Paris-Aufenthalt als Stipendiat der Stadt Hamburg
Freundschaft mit Ludwig H. Heydenreich
1933 Die Jahresausstellung der Hamburgischen Sezession wird von den Nationalsozialisten geschlossen
Die Aufforderung der Nationalsozialisten, die jüdischen Mitglieder auszuschließen, beantwortet die Sezession mit ihrer Selbstauflösung
1934 Reise nach England
1935 Erwirbt die reetgedeckte Fischerkate am Süllberg in Blankenese
Mietet ein Atelier am Jungfernstieg

Reise nach Rom und – zum ersten Mal – nach Ischia

1936 Reise mit Gretchen Wohlwill auf dem Motorrad nach Dänemark

Erneute Reise nach Ischia, dort Freundschaft mit Werner Gilles

Besuch bei Paul Klee in Bern

Zweiter Wandbildauftrag durch Schumacher (Siedlungsschule Langenhorn)

Teilnahme an der Ausstellung in der Hamburger Kunsthalle „Deutsche Kunst im Olympiajahr", die nach wenigen Tagen von den Nationalsozialisten geschlossen wird

1937/38 Abwechselnde Aufenthalte in Hamburg, Florenz und Forio d'Ischia, wo er eine Wohnung mietet

1938 Neßkate und Atelier fallen dem Bau der Flugzeugwerft in Finkenwerder zum Opfer

1939 Übersiedelung nach Forio, längere Aufenthalte in Florenz, ermöglicht durch den Auftrag des Deutschen Kunsthistorischen Instituts, Rekonstruktionszeichnungen der Medici-Gräber zu fertigen

Freundschaft mit dem Maler Rudolf Levy

1940 Einzelausstellung in der Hamburger Galerie Commeter, Einladungskarte muß zurückgezogen, Ölgemälde müssen abgehängt werden

Gretchen Wohlwill emigriert nach Portugal

1942/44 Als Dolmetscher bei der deutschen Kriegsmarine in La Spezia, auf Veranlassung von Konsul Wolff, Florenz, der ihn so vor dem regulären Kriegsdienst bewahrt

1944 Beauftragter für den Kunstschutz in Florenz, erlebt die Zerstörung der Arno-Brücken

1945 Von den Alliierten für kurze Zeit zum deutschen Konsul in Florenz ernannt

Auftrag vom Verlag Sansoni in Florenz, eine Ausgabe des Pinocchio zu illustrieren

Zerstörung des Hamburger Ateliers am Jungfernstieg

1946 Abwechselnd in Florenz und Ischia

1947 Ständiger Wohnsitz in Forio

1948 Ehrenbürger von Forio d'Ischia

Teilnahme an der Biennale in Venedig

1950 Zum ersten Mal seit 1942 wieder in Deutschland

Beginn der regelmäßigen Treffen mit Werner Gilles und Hans Purrmann auf Ischia

Seit dieser Zeit verbringt er regelmäßig die Sommermonate auf Ischia und die Wintermonate in Blankenese

1953 Umfassende Retrospektive in der Kestner-Gesellschaft, Hannover

1954 Freundschaft mit Werner Heldt
1955 Beteiligung an der documenta I, Kassel
1957 Gastdozent an der Hochschule für bildende Künste in Hamburg
1959 Beteiligung an der documenta II, Kassel
1960/68 Wiederholte Reisen nach Tunesien, Marokko, Ägypten, Mali und Senegal
1963 Gastdozent an der Hochschule für bildende Künste in Berlin
1976 Gründung der Eduard-Bargheer-Stiftung
1979 Am 1. Juli stirbt Eduard Bargheer in seinem Haus in Hamburg-Blankenese

Quellen/ Impressum

Quellennachweis
Dirk Justus, Ein Leben in Bildern: Originalbeitrag
Gretchen Wohlwill, Einnerungen an den Freund und Malerkollegen, zitiert nach: dies., Lebenserinnerungen einer Hamburger Malerin. Bearbeitet von Hans-Dieter Loose. Hamburg: Gesellschaft der Bücherfreunde zu Hamburg 1984
Gustav Pauli, Eduard Bargheer – ein Werdender, zitiert nach einem Aufsatz in: „Der Kreis", Februar 1930, anläßlich einer Ausstellung von Werken Bargheers in der Galerie Commeter, Hamburg
Heinrich Steiner, Deutsche Maler während des Zweiten Weltkriegs in Florenz, zitiert nach einer Ansprache, die Heinrich Steiner 1974 zur Eröffnung einer Ausstellung in der Deutsch-Italienischen Vereinigung in Frankfurt/M. gehalten hat. Gekürzt auch in der „Frankfurter Allgemeinen Zeitung" vom 7. 8. 1976
Volker Detlef Heydorn, Wie Bargheer Gustaf Gründgens nach Hamburg holte, zitiert nach: ders., Eduard Bargheer. Hamburger Künstler-Monographien zur Kunst des 20. Jahrhunderts. Hrsg. v. d. Lichtwark-Gesellschaft, Bd. 5. Hamburg: Verlag Hans Christians 1976
Werner Bunz, Armer Eduard – glücklicher Eduard: Originalbeitrag
Herbert von Buttlar, Mannigfache Lebenslinie, zitiert nach: Parabeln. Jahrbuch der Freien Akademie der Künste in Hamburg 1966
Gerhard Wietek, Begegnung mit Eduard Bargheer. Ansprache zum 75. Geburtstag Eduard Bargheers im Kunsthaus Hamburg, zitiert nach: ders., Begegnung mit Kunst und Künstlern. Neumünster: Karl Wachholtz Verlag 1983
Marion Gräfin Dönhoff, Erinnerung an Ischia: Originalbeitrag
Wolfgang Henze, Bargheers Selbstbildnisse: Originalbeitrag
Eduard Bargheer, Werner Gilles: Ansprache Eduard Bargheers zur Eröffnung der Gedächtnisausstellung Werner Gilles im Kunstverein Hannover 1963
Lebensdaten: Zusammengestellt von Dirk Justus und Peter Silze

Bildnachweis
Agathe Bunz: Seite 64
Archiv des Künstlers: Seite 8, 15, 63 o., 63 u, 76; Abb. 2, 3, 4, 5, 9, 10, 11, 12, 16, 17, 19, 23, 24, 25, 26, 27, 28, 29, 30, 31, 32, 33, 34, 35, 36, 37, 39, 40, 42, 43, 44, 45, 46, 47 48, 49, 50, 51
Hans Kinkel: Seite 77
Herbert List: Seite 62, 80
Erika Schmied: Seite 73
Erasmus Schröter, Hamburg: Abb. 1, 6, 7, 8, 13, 14, 15, 18, 20, 21, 38, 41
Elke Walford/Hamburger Kunsthalle: Abb. 22

Impressum
CIP-Titelaufnahme der Deutschen Bibliothek
Bargheer, Eduard:
Bildnisse und Selbstbildnisse / Eduard Bargheer.-
Hamburg: Ellert u. Richter, 1989
ISBN 3-89234-147-8

Gestaltung: Hartmut Brückner, Bremen
Satz: Fotosatz Wahlers, Langwedel
Lithographie: Rüdiger & Doepner, Bremen
Druck: C. H. Wäser, Bad Segeberg
Bindearbeiten: Buchbinderei Klemme, Bielefeld